Ludwig Fels

Die Sünden der Armut

Roman

Luchterhand

Erstausgabe. Sammlung Luchterhand, September 1975
3. Auflage Januar 1980
Lektorat: Klaus Roehler

Gesamtherstellung bei der Druck- und Verlags-Gesellschaft
mbH, Darmstadt
ISBN 3-472-61202-9

Für Rainer, der sich vorm Ende »drückt«

Es gab eine Zeit, da wurde er weder älter noch jünger.
Vorhin stand er am Fenster.
Er schloß die Augen vor Blindheit. Und sah sich trotzdem hin- und hergerissen, in alle Richtungen gezerrt, wundgelebt und mit Kalk bepudert wie ein Säugling im Altersheim. Die Pubertät glich einer Strafe.
Vorhin stand er an der Tür.
Es war so, daß er nach Feierabend von der Arbeit träumte und wie im Schlaf zur Arbeit ging. Ihm gefiel die Faulheit. Genaugenommen war er immer arbeitslos, denn es war nicht seine Arbeit, die er tat, um zu Geld zu kommen. Er arbeitete stets betrunken. Nur in seinen Träumen wurde er nüchtern.
Es gab eine Zeit für ihn, wo die Armut wie eine Sünde war, die dauernd an ihm verbrochen wurde.

I

Überall war November.
Seine Lederjacke wurde in Nebel und Nässe glitschig, die eingestanzten Nieten beschlugen sich und rosteten an den Rändern. Es war die einzige Jacke, die er besaß. Sie war seine zweite Haut. In ihr verbrachte er die meiste Zeit. Mit ihr unterschied er sich beträchtlich von den anderen; durch sie bekam er breitere Schultern und schmalere Hüften.
Die alten Leute dachten an den Tod und baten insgeheim um Schonung. Ihre Kinder und Enkel beschäftigten sich mit dem eigenen Leben. Kein Mensch ging ohne zwingende Gründe aus dem Haus. Das Wetter auf den Straßen hielt sie in der Wohnung. Nur der Junge streunte von früh bis spät durch die vertraute Umgebung, als gelte es, Niedagewesenes zu entdecken. Manchmal spiegelte sich sein Gesicht in fahlen Fensterscheiben. Dann zweifelte er daran, ob die Blässe eine Hautfarbe ist. Was er sah, gab ihm ein krankes Gefühl.
Wochenlang hatte es ununterbrochen geregnet. Das Hochwasser war über die Schwellen der Stadtrandhäuser geflutet und in die Keller geflossen. Ersoffene Maulwürfe schaukelten in der braungrünen Brühe. Bitter stank das faulende Gras; scharf roch es nach gärendem Schlamm. Durch den beizenden Dunst schlichen vermummte Gestalten mit verschnürten Säcken, aus denen das dünne Maunzen neugeborener Kätzchen drang. Ziegelsteine machten die Last schwer. Die Katzen warfen ihre Jungen im Frühling und im Herbst, während die Regenfälle den Fluß anschwellen ließen; nach einem dumpfen Klatschen gingen die leisen Schreie im Hochwasser unter. An manchen Tagen strandeten Flöße aus übereinandergeschichteten Gartenzäunen an den nahen Schutthalden. Kleine Jungen krempelten die Hosenbeine hoch. Mädels schürzten ihre Röcke. Gemeinsam kicherten sie über verbeultes Nachtgeschirr, wateten in Gummistiefeln am Ufer entlang.

Er war zur Barackensiedlung unterwegs. Von den Polacken, die dort lebten und sich selbst so nannten, kannte er einige; manchmal gaben sie Schnaps aus und taten sehr stolz, im Rausch immer wieder beteuernd, er sei der beste aller Deutschen in der Stadt. Oder sie sagten einfach: Du bist unser Freund, Ernst, du gehörst zu uns. Ein paar von ihnen traf er auf der Brücke; sie winkten sich zu. Der Fluß wogte gegen die Pfeiler. Ihm war, als hocke er in einer Nußschale, so wälzten sich die Wassermassen seinen Blicken entgegen.

Er erreichte die vergrasten Gärten. An sich überkreuzenden Wäscheleinen baumelten riesige Schlüpfer. Er lehnte sich gegen die Betonpfosten, die an den Zaunecken ins Pflaster gerammt waren. Frauen in Plastikschleppen rührten in dampfenden Zubern. Es waren geplagte Wesen; sie äußerten ihre Verachtung, indem sie ihn nicht beachteten. Nur eines der Weiber sagte abfällig, der Krauterbursche stromert. Schwitzend wrangen sie kuheutergroße Büstenhalter aus und klemmten sie hinter tropfende Bettlaken. Der Junge bildete sich ein, die Brüste könnten sich wie Glocken bewegen und zärtliche Klapse verteilen. Er wünschte sich, unter ihrer wärmenden Fülle zu liegen.

Etwas abseits erstreckte sich das Gelände des Verladebahnhofs. Von seinem Platz aus erkannte der Junge eine Männerhorde, die gerade dabei war, mit Flüchen und Lockungen Elefanten aus abgestellten Waggons zu treiben. Einer der dunklen Riesen trompetete auf der Rampe, rollte seinen Rüssel in die fremde Luft und schien seinem Signal nachzulauschen. An den Säulenbeinen der Tiere klirrten Fußschellen; dicke Kettenstränge rutschten scheppernd hinter den tappenden Schritten her. Mist klebte an den Eisenringen. Die Treibermannschaft fuchtelte mit Stöcken und Latten, an die Widerhaken und Stachel angeschraubt waren. Der ganze Haufen kam ihm wie aus einem Abenteuerbuch entsprungen vor.

Das Bild gefiel ihm.

Dschungel und Savannen entstanden in seinem Kopf, sein Hirn erfand wilde Raubtiere; in der Fantasie nahm er an Expeditionen und Safaris teil.
Einem der vorbeizockelnden Dickhäuter ragte ein mächtiger, schleimig zuckender Pfahl aus dem hintersten Bauchteil heraus. Bei seinem Anblick hielten die waschenden Frauen kurz inne. Mit grimmiger Lüsternheit betrachteten sie den wippenden Knüppel und lachten schadenfroh, die Maße schätzend und vergleichend, offensichtlich erregt.
Der Junge rannte neben den Gleisen davon. Distelstauden moderten zwischen Schotterbrocken. Aus den Dunstschwaden kroch in der Ferne eine Güterzugschlange. Ihr warnender Pfiff erschreckte ihn. Er hüpfte die Böschung hinab; seine Stiefelabsätze gruben Furchen.
Für einen Augenblick wünschte er sich, in dieser Geschwindigkeit ans Ende der Welt laufen zu können.

2

Der Junge mochte seine Gegend nicht. In einem Kaff mit ungefähr siebentausend Bürgern findet das Leben nicht statt. Es gab keine Ereignisse, die wirklich zählten. Man arbeitete, verdiente und wirtschaftete, bedauerte je nach Jahreszeit und Wetterlage Hitze oder Kälte, erzählte der Nachbarschaft streng vertraulich, unter dem Siegel der Verschwiegenheit von Krankheiten, die einen befallen, und Schicksalsschlägen, die einen getroffen hatten, tratschte über Standesamtsnachrichten und ließ den lieben Gott einen braven Mann sein. Man fügte sich eben. Man vermied Ansichten, die gegen überlieferte Bräuche und Sitten verstießen, man hatte sich an Gebote und Verbote gewöhnt. Man übte sich in Scheinpflichten. Man war bieder bis zur Erschöpfung und fühlte sich als ein wahrhaft vorbildliches Geschöpf.
Der Junge kannte fast alle Leute namentlich. Er wußte, daß

die Reichen, von denen es wenige gab, der Meinung waren, sie seien die Klügeren. Bei jeder Heimatveranstaltung trafen sie sich und genossen es, daß sie wenigstens hier am Ort bekannt waren. Besonders beliebt waren sie nicht. Sie brüsteten sich bei Ansprachen und Tischreden, soffen kübelweise Sekt, bestellten und bezahlten Freibierrunden. Nach ihren gönnerhaften Einlagen erhob sich aber das Volk von seinen Plätzen und prostete den Herrschaften dankend zu. Die Honoratioren impften die Leute mit Untertänigkeit. In den Hinterzimmern der Festsäle beichteten sie sich dann ihre Geschäfte.

Ein Hund ging mitten auf der Straße. Wenn die Autos hupten, wedelte er mit der Rute. Der Junge hatte plötzlich das Gefühl, durch eine bewölkte Höhle zu schweben.

3

Er hatte in vielen Häusern seine Kinderjahre verlebt; im Lauf der Zeit waren die Wohnungen schlechter geworden. Seit dem letzten Umzug hauste er in einer baufälligen Bruchbude, die an seine Mutter vermietet worden war.

Das Gemäuer roch altersschwach, nach Garagenabgasen, nach Keller und Speicher, nach Malzkaffee mit Zichorie und nach leeren Flaschen, die zu lange offen in der Ecke standen. Es stank nach Abort, nach Schwamm und Schimmel. Die Dielen waren morsch. Im Sommer krabbelte Ungeziefer zwischen den Stragularitzen hervor. Die Läufer waren abgetreten und durchgescheuert. Früher hatte sich eine Werkstatt in den Räumen befunden, die er nun mit seiner Mutter bewohnte.

Ein Geruch von abgestandenem Stumpenrauch hing im Flur. Der Junge dachte nur, ER ist da. Mit voller Wucht warf er die Haustür ins Schloß; der Rahmen knackte. Pfeifend näherte er sich der Zimmertür, unter der sich Helligkeit durchschob, und klopfte, als sei er fremd hier.

»Ernst?« sagte der Mann.

Er saß auf einem niedrigen Dreibeinschemel und ordnete Muttern und Schrauben nach Größe und Stärke, entwirrte verhakte Zahnräder, pustete Staub von winzigen Drahtfedern.

Der Junge sagte: »Dein Fleiß wirkt einschmeichelnd.«

»Man muß mit aller Gewalt einen neuen Anfang machen«, sagte der Mann.

»Ja«, sagte der Junge, »so wird es sein.«

»Wohl«, sagte der Mann, »wohl.«

»Wo ist meine Mutter?«

»In der Küche, sie kocht für uns.«

Bei jedem Wiedersehen fiel dem Jungen ein, wie der Mann vor Jahren beschwipst und beschwingt angetanzt kam. Die Eiterpickel auf der knochigen Glatze stachen schon damals gleich ins Auge. Seine Mutter hatte den kärglichen Inhalt eines Pappkartons im gemeinsamen Kleiderschrank verstaut; sie wollte den Sohn mit einem Vater überraschen. Der Mann, der Detlev Richter hieß, hängte sich an sie wie ein bejahrtes Findelkind. Er war aus dem Knast gekommen wie schon so oft, mit Straferlaß auf Bewährung, und mandelte sich zum Daseinsgefährten einer ledigen Frau mit unehelichem Kind auf. Natürlich hatte er Besserung gelobt, seine Versprechungen unter Reuetränen beteuert und sich anstandsviertel verlobt. Später hatte er zwar immer Geld mit heimgebracht, doch nicht verraten, woher es stammte, wenn er ohne feste Beschäftigung war. Eine Heirat kam trotz des Geredes der Nachbarn nicht zustande. Wenn der Mann plötzlich verschwand, und das geschah häufig, erzählte die Frau in der Nachbarschaft, er befinde sich auf Geschäftsreisen. Doch meistens hielt er sich in der Nähe auf: hinter Riegeln und Gittern. Eingesperrt wurde er wegen der geringfügigsten Vergehen. Im Rausch geriet er dauernd an die Falschen; er pumpte, schnorrte, vergaß die Schulden, prellte Zechen, beschwindelte ab und zu alleinstehende Damen, erregte sich beim Lügen, schlug mit den Fäusten, trat mit den Füßen.

Meistens wurden seine Gläubiger die Opfer. Hinterher flehte er inbrünstig um Verzeihung und ließ sich widerstandslos festnehmen. Die Reichen haßte er wegen ihres Vermögens; der Junge haßte ihn wegen seiner Macht.
»Und jetzt grüß dich erst mal«, sagte der Mann. »Du bist überhaupt nicht gewachsen. Mensch, glotz mich nicht so an.«
»Ich freu mich halt nicht«, sagte der Junge.
»Du siehst schlampig aus«, sagte der Mann. »Dreckig und speckig kommst du daher, keinen ordentlichen Faden hast du auf dem Leib, alles zerfranst und vernietet. Möchtest wohl gern einer von diesen halbstarken Gammlern sein?«
»Quatsch«, sagte der Junge.
Er machte keinen Schritt vorwärts; der Mann ließ seine ausgestreckte Rechte langsam sinken.
»Mein lieber Ernst«, sagte er, »du weißt doch genau, daß ich auch anders kann. Ich kenn die empfindlichen Stellen bei dir. Und deine Mutter hält sowieso zu mir.«
Der Junge fragte sich, ob er antworten sollte. Du bist wie die anderen, dachte er, die vor dir zu uns gekommen und wieder gegangen sind. Und genau wie du hat mir jeder seine Freundschaft anzubieten versucht und Vertrauen von mir verlangt, doch beides war nichts wert. Für euresgleichen war und bin ich nur ein Umweg zu meiner Mutter. Ihr habt mich zur Kenntnis genommen wie einen beweglichen Gegenstand, den man in die Ecke stellen und vergessen kann. Ihr habt mich selten begrüßt und euch niemals von mir verabschiedet. Ich mußte mit anhören, wenn ihr in den Ausguß gespuckt oder Koseworte gegrunzt habt. Warum sollst ausgerechnet du anders sein?
Die Umstände waren verzwickt. Die sogenannten anständigen Männer hatten die Mutter des Jungen seit jeher wie eine Schlampe behandelt. Für die, die selber Dreck am Stekken hatten, war sie als Schnalle gerade richtig, obwohl sie sich um das Gegenteil bemühte. Männer wie Detlev Richter machten ihre Hoffnungen wieder zunichte. Sie wahrte den Schein, als könne sie damit einen Dienst am Nächsten erfül-

len. Sie wollte sich geborgen fühlen, darum wich sie keiner Beziehung aus. Sie war gefällig, weil sie halbwegs annehmbare Zustände erhalten wollte.
Der Junge wußte, wie gut Detlev Richter lügen konnte. In den Zellen hatte sich der Mann seine Weltanschauung zusammengebastelt und sich zur Verhärtung gezwungen. In Gangsterfilmen fordern die Verbrecher einen Anwalt, entrichten Kaution und fliegen mit dem Jet-Set in die Tropen. Dort legen sie Rauschgiftplantagen an oder tun überhaupt nichts und leben in Saus und Braus. Die weichen kleinen Fische aber, die zu seiner Mutter wie auf Besuch kamen, waren alle krank vor Angst gewesen; von ihnen hätte der Junge höchstens Feigheit und Prahlsucht lernen können. Darauf stand er nicht.
»Mann«, sagte er zu Detlev Richter, »du bist nicht mehr als ein Spatz.«

4

Er ging in die Küche. Seine Mutter kochte. »Den ganzen Tag warten wir auf dich«, sagte sie und rührte in den Töpfen. Sie stand im Dampf und krümmte den Rücken bucklig.
»Gibt es ein Fest?«, fragte er.
»Wir feiern Wiedersehen«, sagte sie.
Er wird sie tätscheln wie ein Stück schlachtreifes Vieh, dachte der Junge, und später wird er dann wie üblich schwören, daß es diesmal ganz bestimmt das letzte Mal gewesen sei und er sie nie wieder allein lassen werde. Sie wird ihm frischen Glauben schenken und seinen Teller füllen, bis zum Rand.
Der Mann rempelte ihn unsanft beiseite und streckte sich auf der Ottomane aus. Nach einer unguten Pause sagte er: »Von nun an wirst du der Kundschaft die reparierten Chronometer bringen.« Sichtlich stolz betonte er die Fremdworte. »Von nun an«, fuhr er fort, »wirst du die Trinkgelder deiner Mut-

ter abliefern.« Der Junge stellte sich taub. »Ab sofort«, sagte der Mann, »möchte ich Antworten kriegen.«
»Ich hab keine Lust, deinen Dienstboten zu machen«, sagte der Junge.
»Ich verbiete dir deine dummen Meinungen«, sagte der Mann. »Auch wenn man kein Kind mehr ist, ist man noch längst nicht erwachsen.«
»Mann«, sagte der Junge, »bist du an der Rübe operiert? Du meinst wohl, weil du deine Nummer los bist, kannst du hier den Feldwebel abspulen. Ich bin nicht für deine Launen da. Ich bin nicht dein Knecht. Mich mußt du erst dämlich prügeln, bevor du mich beherrschen kannst.«
»Schrei nicht so rum!« brüllte der Mann. »Was glaubst du, wen du vor dir hast?«
»Das weißt du selbst am besten.«
»Er ist dein Vater«, sagte die Mutter am Herd.
»Ach was«, sagte der Junge, »er ist bloß dein Macker.«
»Schau«, sagte der Mann und tat so, als meinte er es freundlich, »mir fiele es ja leicht, dich gegen die Wand zu prellen. Leider hab ich schon Pläne gefaßt, die nur verwirklicht werden können, wenn du gesund bleibst. Ich würde mich sonst selbst schädigen. Krankenhausreif nützt du mir nämlich überhaupt nichts.«
»Leck mich am Arsch«, sagte der Junge.
»Das hat Zeit, bis du auf den Knien angekraucht kommst. Du wirst vor lauter Arbeit nicht mehr beten können. Darauf kannst du Gift nehmen.«
»Darauf scheiß ich höchstens.«
»Die Wette gilt!« sagte der Mann und schien sich seiner Sache unheimlich sicher; er lachte sogar.
Der Junge wich an die Wand zurück, rieb seinen Rücken daran und versuchte, einzudringen und zu verschwinden. Etwas Ähnliches hatte er einmal im Kino gesehen. Die Zuschauer hatten vor lauter Heiterkeit geklatscht und getrappelt; der Junge hatte vor Zorn gepfiffen. Jetzt tastete er mit den Schultern die harte Fläche hinter sich nach einer weichen

Stelle ab. Wäre er erst einmal in der Wand, er würde gegen den Mörtel pochen und die Nägel, an denen die Bilder hingen, aus den Steinfugen stoßen. Er drängte sich gegen den Putz, rutschte an ihm entlang, spürte seine Wirbelsäule schmerzhaft über die Türrahmenkante holpern.
»Mein Gott«, hörte er seine Mutter rufen, »unser Junge.«
Dann lief er ins Freie.

5

Draußen flogen Vögel unter den dunklen Wolken. Sie schwärmten in die Dämmerung. Es ist völlig in Ordnung, daß du den Mann nicht angeweint hast, dachte der Junge. Ohne Ziel ging er durch den frühen Abend.
Er spürte nur Magensäure im Bauch und rauchte eine Zigarette gegen das Hungergefühl. Die Laternen glühten hoch oben, wie Sterne auf Masten.
Er wollte zum Zirkus.
Er wollte Raubtiere mit Menschenfleisch füttern und den Kaspar trösten, Sägemehl harken, Zeltplanen schrubben, in Wohnwagen träumen oder in Stallungen schlafen, Plakate ankleben, Ansagen erfinden, Beifall für die Zuschauer klatschen, Elefanten baden, Mist karren, Wimpel besticken, bunte Lampen in die Fassungen schrauben und Wagenachsen schmieren oder am Zaun vor der Kasse stehen und nachdenken, nachdenken, immerzu.
An den Litfaßsäulen waren die Elefanten zu sehen, die er beim Ausladen beobachtet hatte. Auch ein befrackter Herr war abgebildet, über dessen Zylinder sich eine Peitschenschnur kringelte. Unterwegs stieß der Junge auf eine Menge dieser Plakate. Während er sie las, stockte er bei den Eintrittspreisen. Bei der Mitwirkendenliste vermißte er die Namen der uniformierten Handlanger für Artisten und Akrobaten. Sie waren nirgends erwähnt; an keiner Stelle wurde

ihr Job geschildert.
Die Zirkuswagen standen auf dem Fußballplatz, wuchtige Kästen, ein rollendes Dorf. Neugierige hatten sich auf dem Gelände versammelt, eine Gruppe Männer um ein Loch geschart, in dem sicher der Hauptmast verankert werden sollte. Ein Mann stand bis zu den Schenkeln in dem Loch. Aus der Entfernung hatte ihn der Junge für einen Liliputaner gehalten. Er ging noch näher heran. Jemand aus der Gruppe schwenkte ihm eine grelle Handlampe entgegen und rief: »Hier wird gearbeitet!« Die Spitzhacke, die der Mann im Loch schwang, prallte auf einen Stein; er fluchte, kletterte heraus und rieb heftig sein Schienbein. Für den Jungen wirkte der Mann wie ein Freibeuter, märchenhaft verwegen, obwohl er weder Ringelhemd noch Ohrringe trug, sondern eine verwaschene Leinenhose mit zahllosen Triangeln, deren Säume in kotigen Knobelbechern steckten. Er sagte: »Leg dich lieber zu deiner Mutter ins Bett, bevor wir dich verscharren.« Ein anderer rief: »Bei dem süßen Babyarsch klappern ja noch die Eierschalen. Der könnte uns seine Braut leihen.«
»Ich hätt bloß eine Frage«, sagte der Junge. »Ich brauch eine Beschäftigung, die hab ich unbedingt nötig.«
»Da bist du bei uns richtig«, sagte der Mann, der in dem Loch gestanden hatte. »Wir brauchen immer Hilfskräfte. Hauptsache ist die Volljährigkeit. In der Beziehung ist unser Alter ziemlich eigenartig. Er hat nämlich einen Horror vor Eltern und Bullen, die ausgerissene Sprößlinge suchen.«
»Also nichts«, sagte der Junge.
Der Mann drehte zwei Zigaretten, gab dem Jungen Feuer, entkorkte eine Flasche und ließ sie durch die Runde gehen. Alkohol und Nikotin machten den Jungen frösteln und schwitzen. Die Stimme des Mannes war weit weg.
»Die Geschichten vom freien Zirkusleben sind Lügenmärchen«, sagte er. »Nur die Viecher haben es wirklich gut hier. Jeder von uns muß mindestens für drei malochen. Ich hab zuerst auch gemeint, Seßhaftigkeit sei sterbenslangweilig, aber die Plackerei bringt einen halb um, in Nullkommanix.«

Der Junge hörte schon nicht mehr hin. Hatte er nicht gelesen, die Zirkusleute seien Ausgeburten der Freiheit und die fahrenden Frauen leicht zu haben? Wahrscheinlich, dachte er, liest du die falschen Bücher. Über Nacht würden die Männer die Kuppel aus dem Boden stampfen müssen und danach zu müde zum Leben sein.
Die Abkürzungen waren ihm vertraut. Er folgte Trampelpfaden durch verwilderte Grundstücke, auf denen Scherben und Scheiße lagen. Sommers trafen sich in dieser Unratwildnis verliebte Paare. In seiner Schulklasse hatte es als Heldentat gegolten, die Turtelblinden zu belauschen.
Der Junge hatte ebenfalls tapfer sein wollen und sich eines Abends auf das Grundstück geschlichen. Er hatte sich hinter dichten Büschen versteckt und gewartet. Es war schon spät, als endlich ein Pärchen auftauchte; da war er sich nicht mehr so allein vorgekommen, denn er hatte damals mehr Angst vor der Finsternis als vor einer Entdeckung. Die beiden hatten es eilig und blieben auf Schutt und Asche in der Grätsche stehen. Sie zogen sich erst gar nicht aus; sie wühlten sich gleich durch die Kleider des Partners. Der Junge hatte vorher nicht gewußt, daß man sich beim richtigen Küssen die Zunge über die Lippen saugen läßt. Die Zwei hatten gehechelt wie sich balgende Hunde; nur nicht so natürlich hatte es geklungen. Schnell waren sie fertig gewesen.
Die Finsternis war menschenleer. Er genoß die einsame Strecke. Es störte ihn nicht, daß Morast in seine Stiefel sickerte.

6

In der Küche, einem winzigen Verschlag, standen noch die Tassen und Teller auf dem Tisch, von Speiseresten verschmiert. Der Junge zählte die letzten Fliegen, die mit surrenden Flügeln gegen die Fensterscheiben brummten; manch-

mal knackten ihre Panzerungen beim Anprall. Er war müde. Trotzdem wollte er nicht schlafen, nicht träumen. Er wollte einfach stehenbleiben und die kommenden Zeiten aus dem Gedächtnis verdrängen.
Seine Mutter und Detlev Richter waren jetzt nackt. Der Junge stellte sich vor, wie sie sich aus den Kleidern gerissen hatten. Sie verkrochen sich ins Bett und keuchten sich voll, stöhnten auf und ächzten erlöst. Detlev Richter würde sich zurückhalten, während ihn seine Mutter herausforderte.
Mit seinen Freunden hatte der Junge früher oft über das geredet, was es durchs Schlüsselloch zu sehen und zu hören gab.
Hast du etwas gesehen? Hast du etwas gehört? Die haben gerauft. Was hat deine Mutter gesagt? Tiefer! Fester! Und dein Vater? Schneller! Und sonst? Nichts. Ich kann mir das nicht vorstellen. Die sind plötzlich ganz laut geworden und hinterher eingeschlafen.
Nun schienen sie fertig mit ihrem Geschäft, würden gleich zurück in die Küche kommen und sich fragen, ob er an ihre Liebe glaube. Der Junge hörte sie flüstern, hörte ihr Getuschel, die verlogene Lautstärke vor der Tür. Er erinnerte sich an den Schrecken, den ihm die ersten Schamhaare eingejagt hatten: oft hatte er daran gezupft und sich bald ungeheuer männlich gefühlt. Auch sein Glied hatte sich ausgewachsen, obwohl er nicht gewußt hatte, wohin damit.
»Von nun an«, sagte Detlev Richter, »pfeift ein anderer Wind.«
Auch seine Mutter stand plötzlich in der Küche, im zerknitterten Nachthemd, eine Gänsehaut auf den Krampfadern.
»Sag mir, Ernst«, fragte sie, »wo warst du?«
»Ich hab den da doch auch nicht gefragt«, antwortete der Junge, »und der war schließlich noch länger fort als ich.«
»Hast du Arbeit gesucht?«, fragte der Mann.
»Nein«, sagte der Junge.
»Nie ist was mit dir«, sagte seine Mutter.
»Deine Männer machen mich alt, Mama«, sagte der Junge,

»weil sie mich wie ein Kind behandeln. Was bin ich eigentlich für euch?«
»Mein Sohn«, sagte seine Mutter.
Er sah sie an; kein Kinderblick verklärte sie mehr. Ihr Gesicht wirkte wie Hefeteig, weil sie wenig Schlaf bekam. Ihr Hals war mit Sommersprossen besät. Die rote Farbe der Hände erinnerte an verbrühtes Fleisch. Mit ihrem gedrungenen Wuchs sah sie aus, als versuche sie dauernd, die Schultern über den Kopf zu stemmen. Sie tat dem Jungen leid. Mußte sie nicht glauben, daß sie nichts taugte, wenn ihr der Sohn mißriet, aus der Art schlug, mit der sie sich am Leben hielt? Sie hatte ihn erzogen, ja; nein, sie hatte es versucht. Sie hatte für ihn gesorgt, indem sie sich abrackerte. Sie hatte alles Mögliche getan, um ihn nicht gar zu arg merken zu lassen, wie arm sie in Wirklichkeit waren. Sie konnte aus Abfällen ein Festmahl kochen. Mit ihrem Putzfimmel übertraf sie sich selbst, obwohl es oft über ihre Kräfte ging. Sie war so sauberkeitsbeflissen, als könnte der Haushalt dadurch an Schäbigkeit verlieren. Sie werkelte herum, wann sie nur eben konnte. Jedes Jahr war ihr zu kurz. Keine Krankheit warf sie aufs Lager; selbst mit Fieber hatte sie ihre Pflichten erfüllt. Sie war von einfachem Gemüt. Man hatte leichtes Spiel mit ihr. Trotz ihrer Fülle wirkte sie verhärmt. Ohne Aufsehen ging sie durchs Leben und glaubte alles und jedem. Sie hatte es oft mit Gott und der Ewigkeit. Die Welt war für sie ein Ding aus der Bibel. Sie war schuldlos an den Sünden und Greueln, die der Satan ringsum vollbrachte. Den Tod verglich sie mit einer bunten, lauten Kirmes, auf der die ganze Herrlichkeit nichts kostete. Sie hatte keine Ähnlichkeit mehr mit den Fotografien aus ihren jungen Jahren, seit sie Wäsche bei reichen Familien wusch, dort auch die Fußböden schrubbte, Treppenstufen bohnerte, außerdem nähte, bügelte, Unkraut jätete und Rasen mähte. Die Herrschaften genossen die Annehmlichkeit ihres käuflichen Daseins: eine Besitzpflegerin, die sich von Berufs wegen in schonender Weise an fremden Eigentum vergreifen mußte. Der Junge fragte sich, ob ein

solches Schicksal vererbt wird.
»Wir hatten Braten«, sagte sie, »und Klöße.«
»Du brauchst schließlich Kraft«, sagte der Junge.
»Der Scheißkerl verarscht uns«, sagte der Mann. »Er macht sich glatt über die Sorgen lustig, die uns sein Lebenswandel bereitet.«
»Kommt endlich schlafen«, sagte seine Mutter. »Ich bin rechtschaffen kaputt.«

7

Das Bettzeug war klamm. Die Tür zum Schlafzimmer seiner Mutter schloß nicht fest. Natürlich versuchten sie nebenan leise zu sein. Der Junge faltete die Hände. Wie in einem Sarg lag er da. Später hörte er, wie sie nebenan schwer atmend in den Schlaf fielen und ihn hellwach und allein ließen. Der Mann schnarchte, sein Baß rollte durch die Dunkelheit. Der Junge wünschte sich Fieber. Seine Gelenke tauten nicht auf. Er ringelte sich zusammen, um sich zu wärmen. »Von nun an«, hörte er plötzlich den Mann sagen, »heult ein anderer Sturm.« Der Junge dachte an die Kratermeere des Mondes und gefiel sich in der Vorstellung, jetzt augenblicklich zu sterben, lachenden Gesichts. Er stand auf, trank Wasser, nahm dann doch lieber einen Schluck Bier, goß sich schließlich Schnaps in ein Glas, spuckte ins Spülbecken und sah dem Schleim zu, der durchs Sieb abtropfte. Dann stand seine Mutter plötzlich in der Küche, fragte »Ist was los« und drückte ihn mit sanfter Gewalt auf einen Stuhl. In der Schublade kramte sie nach einem sauberen Messer; die Scheibe Brot, die sie vom Laib abschnitt, bestrich sie dick mit Margarine.
»Ich kann nichts essen«, sagte der Junge.
»Ist nur für ihn«, sagte seine Mutter.
»Mir wär jeder Bissen zuwider.«

»Du riechst aus dem Mund«, sagte seine Mutter.
»Mich hat auch niemand geküßt«, sagte der Junge.
Da riß sie ihn an den Haaren, mit sparsamen Bewegungen, als seien ihre Knochen mürbe. Es schmerzte kaum; es ging nicht unter die Haut.
»Du machst einem alles kaputt«, sagte sie.
»Was ist denn noch heil hier?« fragte er.
»Du bist in schlechter Gesellschaft«, sagte sie, »diese Negermusik verdirbt dich. Kein Wunder, daß du so wild wirst. Seit Ewigkeiten hast du keine anständigen Kleider mehr angezogen. Mit deinen Haaren schaust du von hinten wie andersrum aus. Du müßtest sie waschen. Aber dann hängen sie dir in die Augen rein. Dein Äußeres stößt ab. In diesem Aufzug kriegst du jedenfalls keine Freundin.«
Der Junge zwang sich zu einem Kichern, als seine Mutter zu schluchzen anfing. Wortlos ging sie, verschwand wieder im Schlafzimmer; geduldig wartete er auf den Mann, der sich schon mit Gegurgel und Gepolter ankündigte. Er verhielt sich wie seine Vorgänger und wie sich vermutlich auch seine Nachfolger verhalten würden. Er beherrschte sich mühsam. Sein Gesicht bestand nur aus dem Mund, als er sich mit der Zunge die wulstigen Lippen leckte. Man hatte ihm ein Gebiß verpaßt, seine Kiefer mit groben Hauern entstellt, hinter denen der Atem rasselte. Er hatte sich sogar die Mühe gemacht, in Hemd und Hose zu schlüpfen. Die Pantoffeln seiner Bettliebsten waren ihm zu klein.
»Was, frag ich«, sagte er, »ist bloß in dich gefahren? Ich weiß, daß du dich erst wieder an meine Person gewöhnen mußt, schließlich sind wir in der Zwischenzeit ein halbes Jahr älter geworden und haben uns ein bißchen verändert, aber schau dir deine Mutter an, die hat mich doch auch nicht vergessen. Warum benimmst du dich derart aufsässig? Bin ich wirklich der einzige Grund dafür? Hab ich dir jemals ernstlich etwas zuleide getan? Ich tu niemanden etwas ohne Grund. Frag deine Mutter, ob es nicht stimmt, was ich dir sag. Sie wird nämlich nicht lügen in solchen Dingen, das weißt du

so gut wie ich.«
»Sie ist der Schatten von einem Gespenst«, sagte der Junge.
»Sie hat ein Anrecht auf Glück. Sie braucht einen Mann an ihrer Seite. Du wirst älter –«
»Jetzt gerade nicht.«
»Unterbrich mich nicht dauernd! – Du wirst älter und die Sorgen wachsen. Sie braucht Schutz. Irgend jemand muß ihr schließlich beistehen. Sie braucht mich eben.«
»Und du? Was brauchst du?«
»Laß uns vernünftig reden.«
»Hör auf und schlag endlich zu«, sagte der Junge.
»Aber warum denn?«
»Weil das dein einziges Recht bleiben wird.«
»Umsonst reizt man mich nicht!« sagte der Mann.
»Ich bin echt gespannt, ob du wieder da anfängst, wo du vor deiner Knastzeit aufgehört hast«, sagte der Junge. »Warum erzählst du nicht wieder vom Krieg? Du hast doch so herzhaft über meine Angst lachen können. Einem wurde durch beide Backen geschossen, als er grad Hurra schrie, nicht wahr? Warum gibst du nicht gleich mit den Feinden an, die du in Massen abgeschossen hast? Wann zeigst du mir wieder deine Narben mit den Pulverrändern? Du hättest schon längst strammstehen müssen.«
»Du hast zuviel gelesen und zuwenig geträumt«, sagte der Mann.
»Deine Tricks haben längst einen Bart«, sagte der Junge.
Er schnippte eine Zigarette aus der Packung und blies dem Mann den Rauch ins Gesicht. Die gähnende Figur schlief im Sitzen ein. Der Junge spielte mit dem Brotmesser. Es gelang ihm, eine Fliege aufzuspießen. Der Mann schnaufte erschrokken und blinzelte nach der Klinge; dann stand er auf und schlurfte ins Schlafzimmer zurück. Der Junge schob das Insekt über die Wachstuchdecke. Der zermanschte Körper zog eine breiige Spur; der Junge stellte sein Glas auf die gespreizten Flügel und taufte den Kadaver Detlev.
In Gedanken folgte er dem Mann ins Schlafzimmer. Er

dachte, sie werden im Halbschlaf murmeln und sich streicheln und sagen, in seinem Alter sind die Jungen meistens komisch. Er ließ seine Mutter flüstern: Ernst braucht einen Vater, sonst wächst er mir über den Kopf, sonst schießt er in die Höhe und läßt sich nur noch von weitem blicken, wir müssen ihm die Flügel stutzen, so halten wir ihn im Nest fest, hier hat er wenigstens unsre Ordnung, unser beinah geregeltes Dasein, wir können uns ein neues schönes Leben einrichten mit ihm, bald wird er auch Geld verdienen und abgelenkt sein, er ist eben noch ein rechter Naseweis, dich hat er nicht berücksichtigt, nun entwirft er neue Pläne, baut Dächer in die Luft, mein Gott, dieser Junge, einmal hat er einen Schneemann verbrennen wollen, unterm Bauch hat er ihn angezündet, bei ihm rührt sich die Natur, seine Unterhosen beweisen es, wir haben es mit einem Herrn zu tun, er hat Bier und Schnaps getrunken, du mußt es ihm verbieten, du mußt ihn den Sohn fühlen lassen, sonst bleibt es beim Schattenboxen, wir müssen aufholen, einholen, warten, bis er reift und pariert, dann ist er fällig für die Verantwortung.

Der Mann sagte: Ich treffe ihn, und wenn es unter der Gürtellinie ist. Dem heize ich ein, bis er meint, der Schnee ist heiß. Ich bin oben, und er hat unten zu bleiben. Seine Faxen imponieren mir überhaupt nicht, kein bißchen! Dem werde ich schon Herr. Wer sich nicht fügen will, hat auch nichts zu melden.

An dieser Stelle mischte sich der Junge in das erfundene Gespräch ein und sagte laut: »Wir sind uns so gleich und doch nicht ähnlich.« Er hoffte, die ganze Welt würde es hören.

Dann kam der Schlaf. Er träumte von einer Welt, in der Leben Arbeit hieß und nichts sonst. Von Kindesbeinen an bis zum Krückstockalter mußten die Leute tagtäglich um ihr bißchen Existenz kämpfen, dem Trott Opfer bringen, sich von früh bis spät ducken lassen. Wie Tiere bedienten sie Maschinen. Sie spürten keinen Boden unter den Füßen. Sie fühlten keine Wolken über dem Kopf. Der Junge hatte Angst davor, so zu werden wie sie: eingespannt und abgestumpft. Ihre

Demut, mit der sie alle Widrigkeiten ertrugen, stimmte ihn traurig. Sie atmeten, aßen, tranken und starben und hatten nichts zu einer Veränderung der Verhältnisse beigetragen. Für sie begann die Ewigkeit erst nach dem Tod. Für sie war das Paradies wie ein Ausflug nach Feierabend.
Es störte ihn nicht, daß er weinte.

8

Gegen Morgen schaffte er es, zu erwachen. Er fühlte sich wie jemand, der tot gewesen war. Vor dem Fenster stand eine feste Mauer aus Frühnebel. Nach unruhigem Herumwälzen zog er sich wieder die Decke über den Kopf und döste.
In Gedanken beschäftigte er sich mit der Herstellung einer Waffe. Er flocht schwer biegsamen Eisendraht in die Glieder einer Fahrradkette und zwickte den Draht in kurzen Abständen durch; dann bog er die spitzen Enden zu Zacken, bis sie nach außen ragten. Er schwang das stachelige Band wie eine Peitsche, hörte die schrillen Pfeifgeräusche beim Niedersausen; jeder der klatschenden Schläge zerfetzte die Luft. Als er eine gewisse Übung erreicht hatte, hielt er Ausschau nach Widersachern. Mit dem Ding fühlte er sich allen gewachsen. Er war sehr stolz auf seine Erfindung. Noch bevor die Schemen seiner eingebildeten Feinde erkennbare Gesichter bekamen, rüttelten Stimmen an ihm.
Er kam einfach nicht zu sich. Er war zu schwach, um seinen Schädel zu heben, sah nur schwarze Punkte und hatte das Bedürfnis, den Kopf ins Kissen zu bohren. Was war mit der Uhr? Er konnte sich nicht erinnern. Seinem Zeitgefühl fehlte eine Nacht. Eben erst hatte er sich hingelegt.
»Die Armbanduhr«, sagten seine Mutter und Detlev Richter noch einmal gleichzeitig und im selben Tonfall, »die Armbanduhr, hörst du nicht? Du bist doch sonst kein vergeßlicher Mensch, Ernst, Junge.«

Jetzt begriff er. Um überhaupt noch etwas zu sagen, fragte er, wie das Wetter heute sei. »Normal«, antwortete seine Mutter. Und wie im Tran steckte er eine schwarze Scheibe in den 45er Plattenspieler, einen batteriebetriebenen Plastikkasten, Made in Japan; die Nadel vertonte zuerst den Dreck in den Rillen, dann erklang SATISFACTION.
Seine Mutter wickelte sorgfältig einige Papiertücher um die wertlose Uhr. Die bunten Glitzersplitter am Gelenkband hatten ihre Wirkung nicht verfehlt.
»Mein allererstes Werk«, sagte der Mann beifallheischend.
Der Junge stand auf. Die Welt drehte sich. Gegen die Benommenheit half nicht einmal kaltes Wasser.
Zum Frühstück gab es Bohnenkaffee und Obstkuchen; das hatte sich an den Sonntagen so eingebürgert. Er rauchte auf nüchternen Magen.
»Tabakfresser«, sagte der Mann.
»Du kriegst den Lungenkrebs«, sagte seine Mutter, »oder ein Raucherbein, das amputiert werden muß, dann kannst du am Krückstock humpeln.«
»Oder Magengeschwüre vor lauter Verdruß«, sagte der Junge und löschte die Glut an der Kippe mit Spucke.
»In deinem Alter«, sagte seine Mutter, »war ich kerngesund.«
»Und schwanger«, sagte der Junge.
Der Mann lächelte böse. Er schwemmte Kuchenbrocken mit Schlucken Kaffee hinab, wog das Päckchen mit der Armbanduhr in der Hand und schob es dem Jungen über den Tisch. Seine Mutter brühte die zweite Kanne Kaffee auf. Während sie Wasser in den Filter goß, sagte sie mehr zu sich selbst: »Das hat man davon, wenn man zu gutmütig ist. Da bringt man ihn zur Welt, und Undank ist der Lohn. Im ersten Bad hätt ich ihn gleich ersäufen sollen, dann stände ich heute aber anders da, dann hätt ich ein Leben wie der Herrgott im Paradies.«
Detlev Richter sagte: »Geh du nur getrost in die Kirche. Ich halte derweilen meinen Frühschoppen, den hab ich dringend nötig nach der Ungerechtigkeit, die mir ein halbes Jahr lang

widerfahren ist. Vielleicht treffe ich bei dieser Gelegenheit gleich den Zeugen, der den Meineid geschworen hat, daß ich stocknüchtern gewesen bin, während ich in Wahrheit besoffen war.«

»Du hast gestohlen und den Bestohlenen erpreßt«, sagte der Junge. »So stand es in der Zeitung. Ein paar geile Bildchen hast du dem armen Tropf gemopst, die er sich bei einem Puffbesuch andrehen ließ. Du hast sie dir angeschaut und sie ihm nicht zurückgegeben. Als er dir dann das verlangte Schweigegeld nicht gegeben hat, bist du zu seiner Frau gegangen und hast ihr die kindischen Schweinereien gezeigt. Du hast sie ausgenommen wie eine Weihnachtsgans, mit ihrer Angst vor der Schande gerechnet. Mann, da wiehern ja die Schweine.«

»Davon verstehst du nichts«, sagte seine Mutter.

»Und ob«, sagte der Junge. »Dein Typ ist ein Beispiel dafür, wie kleine Fische geangelt werden. Ihre Gefräßigkeit wird ihnen zum Verhängnis. Sie wittern sogar die Falle als fette Beute. Als kleiner Gauner taugt man höchstens zum Boß für Gartenzwerge.«

»Geh«, sagte der Mann, »red keinen solchen Schmarren. Ich fühle mich nicht angesprochen. Dein gescheites Gefasel ist mir wurscht. Geld hat Macht, das zählt für mich.«

»Du wirst nie reich werden«, sagte der Junge.

»Und du nicht alt«, sagte der Mann, »wenn du in einem fort stichelst.«

»Man soll niemandem Lebenslänglich wünschen«, sagte der Junge, »aber du stotterst ohnehin die Zeit auf Raten ab. Du machst Pläne im Gefängnis, die draußen nach Verbrechen riechen. Dabei hast du nicht den geringsten Instinkt für wirklich lohnende Coups. Du drehst dich im Kreis, bist anfällig für die Gewohnheit, immer zum Ausgangspunkt zurückzukehren, du nimmst Anlauf und preschst in die nächstbeste Sackgasse. Und Mutter wird auch nicht klüger. Sie wartet geduldig auf deinen nächsten Streich, klagt mir dann ihr Leid und zählt die Tage, und wenns soweit ist, stellt sie

sich zu deinem Empfang an die Tür als wär nichts passiert. Aber innerlich, da bebt sie, daß man nicht weiß, ob vor Angst oder Glück.«
»Halt dein Maul!« sagte der Mann. »Du bist ein Schwätzer. Zwischen mir und ihr wirst du keinen Unfrieden stiften mit deinem blöden Gewäsch.«
»Sein Vater selig hat auch immer wie ein Gelehrter getan«, sagte seine Mutter. »Trag lieber endlich die Uhr aus, bitte. Dann gehört der Tag wieder dir.«
»Ich weiß nicht, was mit mir los ist«, sagte der Junge. »Ich finde es aber seltsam, daß die Wahrheit kränkt und eine ehrliche Meinung als Beleidigung aufgefaßt wird. Das ist total irre.«

9

Von der Promenade aus sah der Junge das Hochwasser gegen den Horizont schwappen. Fahnen hingen schlapp vom Rathausbalkon herab. Männer in dunklen Anzügen schritten zu ihren Stammtischen. Auf dem Marktplatz lagen Taubenschnäbel und Federn. In den Pflasterrillen verlief sich Blut. Ein Polizist fragte Bewohner der umliegenden Häuser nach Einzelheiten. Sie beschuldigten die Zirkusleute der Tierquälerei. Der Beamte kritzelte ungelenk in seinen Notizblock. Es nieselte. Die Heimatlosen hatten sich Geflügel beschafft.
Die Primelstraße, in die der Junge gehen mußte, lag hinter einer Reihe schmucker Geschäfte; sie begann zwischen einer Konditorei und einer Tankstelle und endete an den städtischen Armenhäusern. Alles in allem war es eine baufällige Gegend. Hier konnten sich keine Läden halten. Einmal hatte jemand gewagt, eine Kneipe zu eröffnen, aber die Anwohner soffen nur auf Pump. In der Straße spielten die Kinder nicht, sie bekämpften sich. Als sie den Jungen sahen, streckten sie

ihm die Zunge heraus und zeigten ihm den Vogel: ganz ohne Grund. Auf den Stufen vor der Nummer 9 hockten kleine Mädchen, die mit schmierigen, zerzausten Puppen Kasperltheater spielten. Die Puppen hießen Teufel oder Räuber. Sie verlangten Eintrittsgeld von ihm; der Junge schob sie sacht beiseite. Die Stimmen der Mädchen gellten hinter ihm her, als er die knarrenden Stiegen hinaufstapfte. Es roch nach Gemeinschaftsaborten.
Er klingelte im dritten Stock. Während er wartete, las er noch einmal den Zettel, auf dem Anschrift und Preis vermerkt waren. Dann tat sich die Tür auf; eine stinkende Hitze strömte in den Flur. Die Frau auf der Schwelle grüßte mit einem amerikanisch klingenden »Hallo!«
»Grüß Gott, Frau Krausmeier«, sagte der Junge. »Ich möchte Ihre Armbanduhr abliefern. Ich bekäme dann dreizehn Mark von ihnen.«
»So?« sagte die Frau. »Na, billig ist das grad nicht.« Dann hielt sie das Päckchen ans Ohr und lauschte prüfend. »Tickt aber schwach«, fuhr sie fort. Mit beiden Händen wühlte sie in den Taschen ihrer kurzen Hose, die sie dabei nach unten schob. »Nichts zu finden«, sagte sie.
Dann bat sie ihn, hereinzukommen und ein bißchen Platz zu nehmen. »Nur auf einen Sprung«, sagte sie. Sie führte ihn in die Küche.
Dort bullerte ein Herd, dessen Rohr glühte. Einen Schlager summend, bot die Frau dem Jungen eine Zigarette an. Ihr Benehmen gefiel ihm überhaupt nicht.
»Mein Mann hat bei uns das Geld«, sagte sie. »Ich werde ihn gleich rufen.«
Sie beobachtete den Jungen, wie er den Rauch einsog; dann stolzierte sie arschwackelnd zum Fenster, pochte an die Scheiben, die bedenklich klirrten, und winkte mit heraufweisenden Handbewegungen. Der Junge stellte sich neben sie.
Unten lag ein Hinterhofgarten. Ein Mann stemmte sich eben aus der Hocke und schaute die Hauswand hinauf. Er stieg

über einen Tannenzweighügel hinweg; einen Teil hatte er schon abgetragen, mit den Zweigen die Beete zum Schutz vor Frost bedeckt.
Die Frau wandte sich wieder dem Jungen zu. Für ihn sah sie aus als sei sie lebenslänglich vergewaltigt worden. Ihr Nabel stülpte sich wie eine Narbe zwischen Bluse und Hose aus dem faltigen Bauch. Schwarzblaue Krampfadern schienen ihre unbestrumpften Beine zu spreizen. Sie hatte sich stark geschminkt. Wächsern glänzten ihre Lippen.
»Er verwaltet bei uns das Vermögen«, sagte sie. Es sollte nach einer lustigen Entschuldigung klingen.
Der Kopf des Jungen ruckte artig, als er nickte. Ihr Anblick drängte sich ihm auf; er konnte seine Betrachtung nicht mehr unterbrechen. Ihr Gesicht war teigig, schwammig, flach, platt; wuchernde Poren entstellten es. Er zuckte die Achseln. Seine weichen Knie störten ihn.
Die Frau sagte: »In dieser Stadt muß man trinken, bis man besoffen ist.«
Sie schenkte ein Wasserglas bis zum Rand mit Branntwein voll. Widerwillig schüttete der Junge das lauwarme Gesöff in sich hinein. Es schmorte in seinen Därmen, der Magen stand ihm still.
»Sehr zum Wohl!«
Das war ihr Mann. Er hatte eine unangenehme Stimme. Der Junge erschrak, als hätte man ihn bei einer Missetat ertappt. Nun war ihm die Einladung erst recht zuwider.
»Du bist doch der junge Krauter, oder?« fragte der Mann.
»Bin ich!« sagte der Junge.
»Er hat bloß die Uhr gebracht«, sagte die Frau. »Er wartet auf sein Geld.«
»Dann kann er mal endlich zum Frisör gehen«, sagte der Mann.
»Ich geh morgen zum Haareschneiden«, sagte der Junge.
»Montags haben die Bader geschlossen«, sagte der Mann.
»Eben drum«, sagte der Junge und grinste.
Herr Krausmeier zählte ihm ein paar Münzen in die Hand.

Zuerst dachte der Junge, dies sei ein Trinkgeld; dann merkte er, daß der Mann den verlangten Betrag nicht bezahlen wollte.
»Das ist zu wenig«, sagte der Junge.
»Das ist zu viel«, sagte der Mann.
»Hey«, sagte der Junge, »wollen Sie mich bescheißen?«
»Hör mal«, sagte der Mann, »richte deinem feinen Herrn Detlev Richter einen schönen Gruß von mir aus und bestelle ihm, ich dachte, er hätte das Ding längst im Leihhaus verscherbelt.«
»Herr Krausmeier«, sagte der Junge, »ich hab keine Lust, mich anstänkern zu lassen.«
Der Mann sagte: »Ihr seid doch stadtbekannt, was willst du denn?«
Nach diesen Worten ging er grußlos aus der Küche.
»Ich kann nichts dafür«, sagte seine Frau.
Der Junge fühlte Haß und Wut, die sich gleichmäßig auf den Mann hier und auf den Mann zu Hause verteilte; er kam sich wie der Zuträger ihrer Beleidigungen vor.
»Nochmal«, sagte er und stieß sein Glas gegen die Flasche. Er hatte das Bedürfnis, Stunk zu zaubern, mit einem Schlag ein Vergißmeinnicht zu pflanzen, mit einem Hieb ein Veilchen in Blüte zu bringen, dem Alten die Muffe zu heizen und der Alten in die Fresse zu ficken. Auf einen Ruck soff er das Glas leer.
»Das Siedlungsgesindel ärgert ihn«, sagte die Frau, »von den Polacken schauen nämlich ein paar so aus wie du. Er versteht die heutige Jugend nicht mehr. Itaker und Bimbos reizen ihn zur Weißglut. Er kann nicht Schritt halten mit der neuen Zeit. Was er nicht kennt, mag er halt nicht. In seiner Stammkneipe haben sie ein Schild angebracht, wo draufsteht, daß der Zutritt für Ausländer verboten ist. Er selbst hat es beschriftet. Er möchte in seiner Heimat ein Deutscher bleiben, sagt er immer. Leute wie du sind ihm ein Dorn im Auge.«
Sie muß sich Bartflaum aus den Wangen gerupft haben,

dachte der Junge. Die Schwellungen waren noch nicht ganz abgeklungen. Die Haut schien vor Spröde zu bersten; brüchige Furchen, mit Creme verspachtelt, schlängelten sich in den Haaransatz. Die Poren erstickten unter einer Schicht Akne-Puder. Nur Säure hätte diesen Belag abnagen können.
»Du bist ein Kerl«, sagte sie, »wie ein junger Gott«.
Dazu fiel dem Jungen nichts ein.
»Du kannst einem leicht gefährlich werden«, fuhr sie fort, »du stehst im besten Saft. Hast du eine Freundin? Die weiß gar nicht, was sie an dir hat. Willst du noch ein Glas voll? Du brauchst dich nicht bitten zu lassen.«
Er ließ sie quatschen, goß das dritte Glas hinunter und fand sich fabelhaft in Ordnung. Plötzlich tat sie ihm sogar ein bißchen leid.
»Ich war mal in Amerika verheiratet«, sagte sie. »Gott, das ist lange her. Mit einem Mischling. Die Wolkenkratzer haben ehrlich kaum auf die Bilder gepaßt. Auf den Bergen in der Wüste liegt Schnee. Der Ozean ist eine Kleinigkeit für Düsenjäger. Dort wurden Tellerwäscher berühmte Persönlichkeiten. Ich sollte die Hure für alle machen. Auf den Strich wollte ich um keinen Preis. Ich habe die Welt erlebt – leider nur die Schattenseiten. Die Vereinigten Staaten, das sind Länder, wo ab und zu noch Milch und Honig fließen. Mein Ehemaliger wurde nicht zum Offizier befördert, deshalb kam ich nie nach Kalifornien. Nein, hier bin ich gelandet, ohne alles. Mein Jetziger ist ein richtiger Bauerntölpel.«
Sie lehnte sich an ihn; ihr Parfüm roch abgestanden. »Du hast schöne Haare«, murmelte sie. Sie zwickte und kraulte seinen Nacken. Er rückte zur Seite; sie rutschte ihm auf den Sessel nach. Ihre Brüste wurden ein Stück sichtbar. Das Fleisch wirkte abgegriffen. Der Junge mußte sich anstrengen, ihre Angriffe abzuwehren. Sie hatte nicht auf ihn gewartet, sie versuchte nur, eine sich bietende Gelegenheit zu nutzen. Sein Unbehagen verflog, als er sich von ihr befreite und sich schwankend erhob.
»Wir haben Zeit«, sagte sie.

»Ich werde betrunken«, sagte der Junge.
Sie schraubte den Verschluß von der Flasche und stopfte ihm den Glashals zwischen die Lippen. Beinah gehorsam schluckte er das Zeug. »Dich hat mir das Schicksal geschickt«, sagte die Frau.
»Es hat keinen Sinn«, sagte er.
»Mein Alter ist ein Trottel, der nichts merkt.«
»Und mich wollen Sie bloß zum Narren machen.«
Sie rollte ihr Becken als hätte sie ihn schon in sich. »Komm«, sagte sie, »wir stellen uns ans Fenster, dann vögelst du mich von hinten, und wir gucken ihm dabei bei der Arbeit im Garten zu. Die Hosen sind schnell wieder hochgezogen.«
»Ich will nicht«, sagte der Junge, »ich kann nicht. Der Scheißbranntwein hat mich geschafft. Und Sie sind mir zu erfahren. Es hat keinen Zweck. Es hilft nichts, daß Sie mich streicheln. Hören Sie doch endlich auf. Ich mag einfach nicht. Ich hab keine Lust. Sie sind mir zu alt.«
Wahrscheinlich hätte er so weitergeredet, wenn ihn die Frau nicht unterbrochen hätte.
»Herrgott«, sagte sie, »juckt es dich Wichser denn überhaupt nirgends! Du bist zugeknöpft wie eine Jungfer. Geschlechtsverkehr ist schöner als Selbstbefriedigung, das müßtest du doch schon begreifen. Zwischen den Schenkeln sind wir alle gleich. Ich hab dir eine Stellung angeboten, in der dir mein Gesicht erspart bleibt.«
Nach einer Pause fuhr sie fort: »In deinen Jahren war ich selbstlos in meiner Zuneigung. Da ließ ich mich von jedem, der mich herzte, umlegen und annageln. Aus ihren Lügen baute ich meine Träume. Mehr bekam ich nicht: kein unvergängliches Glück, keine unverbrüchliche Treue. Bei denen gings ruckzuck, während sie mir von immer und ewig schwafelten. Ihr Jungen seid nicht so brutal, ihr müßt noch nicht beweisen, daß ihr Männer seid.«
Während die Frau redete, stellte sich der Junge ihren Abschied von Amerika vor. Sie wandert übers Meer. Ihr Schlüpfer ist aus Staniol. Die Freiheitsstatue war eine Salz-

säule. Sie geht barfuß und singt das Lied von der Elendsviertelgöttin. An Land rasseln Konservenbüchsen in blechernen Mülleimern. Sie wandelt über den Wassern. Sie rastet auf keiner Insel. Auf den Dampfern bewegt sie die Auswanderer zu sofortiger Umkehr. Sie meidet das Ufer, die Strände und folgt landeinwärts den Flüssen. In der Heimat vermählt sie sich mit einem Blumenzüchter, der sie wie einen Kaktus behandelt. Der Mann, der sie geangelt hat, wetzt seine Eichel an ihrem Gaumenzapfen.

Laut sagte der Junge: »Tante, den Schlüssel für deinen Käfig hab ich nicht. Den hat der, auf den du pfeifst. Friß ihm nicht aus den Pfoten, pick ihm lieber die Augen aus, das hat schon manchem geholfen.«

Sie brachte ihn nicht zur Tür. In seinem Kopf knisterte eine trügerische Trockenheit. Später wußte er nicht, wie er aus der Wohnung gekommen war. In den steilen Kurven der Treppenwindungen verlor er fast das Gleichgewicht. Er stolperte auf die Straße und wünschte sich Flügel, einen Flug über die Dächer. Ein Feuer loderte hinter seinen Schläfen. Sie hätte sich bumsend das Lebenslicht ausblasen lassen. Dann sah er wieder deutlich die tintigen Knorpel vor sich, die wie Höcker aus ihren Waden wuchsen. Er fühlte sich vergiftet.

Er ging als seien seine Fersen und Zehen aus Wachs. Oft unterschätzte er die Geschwindigkeit der Autos, wenn er über die Straße torkelte. Der Branntwein sprudelte ihm, mit Magensäure vermischt, in die Mundhöhle zurück. Er biß sich in die Zunge; da schäumte die Brühe aus den Nasenlöchern. Man sah ihm nach. Er wagte nicht, sich umzudrehen.

Er kam an offenen Fenstern vorbei, aus denen Essensdunst strömte; in den Tiefen der Zimmer wurde mit Geschirr geklappert. Er lief deshalb nicht schneller. Geregelte Mahlzeiten erschienen ihm wie eine unnütze Anstrengung. Er konnte sich nicht vorstellen, pünktlich hungrig zu sein.

10

Zu Hause war seine Mutter damit beschäftigt, Geschirr zu spülen. Detlev Richter blätterte in der Zeitung.
»Die schreiben vielleicht einen Scheißdreck zusammen«, sagte er und las weiter. Seine Lippen bewegten sich dabei.
Langsam wurde dem Jungen unheimlich zumute. Warum taten sie bloß als sei er gar nicht da? Die Seiten der Zeitung raschelten. Er war müde als hätte er doch mit der Frau geschlafen. Sein Speichel schmeckte ranzig. Er saß auf einem Stuhl am Tisch, bis ihm die Blicke pelzig wurden. Alles hing ihm herab. Im Radio spielte eine Zither. Seine Mutter begann abzutrocknen.
»Was schreiben sie denn heute?« fragte sie, ohne ihre Arbeit zu unterbrechen. »Wenn ich die Zeitung les, versteh ich die Welt überhaupt nicht mehr. Alles handelt bloß von Politik und Verbrechen. Angst kann man kriegen, wenn man das alles weiß. Aber ihr Mannsleute seid ja durch nichts einzuschüchtern. Immer schimpft ihr über Sachen, von denen ich keine Ahnung hab. Nur ändern tut ihr damit auch nichts.«
Plötzlich schmiß der Mann die Zeitung in die Ecke.
»Von nun an«, sagte er, »beeilst du dich gefälligst.«
»Du siehst aus wie der leibhaftige Gevatter«, sagte seine Mutter und stellte das Radio ab. »Mit dir fällt man nur auf. Wenn das nicht peinlich ist, wenn der Sohn am hellichten Sonntagnachmittag vollgetankt heimspaziert. Ich möchte nicht wissen, was die Leute denken. Von uns.«
»Feiern darf, wer sich sechs Tage in der Woche plagt, denn nur der kann das Wochenende wirklich genießen und schätzen«, sagte der Mann. »Außerdem fehlt die Hälfte vom Geld.«
»Mehr hat mir der Krausmeier nicht gegeben«, sagte der Junge.
»Lügen auch noch?« fragte der Mann.
»Es stimmt.«
»Ich stell dich auf den Kopf!«

»Ich soll dich von Herrn Krausmeier grüßen.«
»Was hab ich von Grüßen?« rief der Mann. »Betrügen hast du dich lassen!«
»Hätt ich es seiner Frau klauen sollen?« fragte der Junge.
»Vor der möchte ich dich noch nachträglich warnen.«
»Ich geh von nun an zu keinem Menschen mehr in die Wohnung wegen dir«, sagte der Junge.
»Holla, das Früchtchen wird frech!« sagte der Mann. »Sei ehrlich, du hast einen Zünftigen draufgehauen, ja?«
»Nein«, sagte der Junge, »Krausmeier hat nicht mehr rausgerückt. Vielleicht hat es ihm gestunken, daß seine Frau ein halbes Jahr auf die Uhr warten mußte. Gewußt hat er bestimmt, daß du eingelocht warst. Wenn du es immer noch nicht glaubst, dann frag ihn doch endlich selbst. Der Weg lohnt sich. Seine Alte ist nämlich scharf wie eine rostige Rasierklinge.«
»Pfui, du Sau!« sagte seine Mutter und zog den Gummistöpsel aus dem Abwaschbecken.
»Magda«, sagte der Mann, »auf den Jungen ist kein Verlaß. Sonst würde er sich nach einer Arbeit umtun.«
»Ich hab gearbeitet«, sagte der Junge.
»Ich weiß Bescheid«, sagte der Mann. »Ein halbes Jahr ungefähr. Und in der Zwischenzeit hast du gefaulenzt.«
Du wolltest arbeiten, sagte sich der Junge, und du hast wirklich gearbeitet. Du hast unbezahlte Überstunden gemacht, du hast mehr geleistet als der Meister verlangt hat. Für ihn warst du ein billiger Schatz. Er hat dich so erbärmlich bezahlt, daß es selten übers Wochenende reichte. Dauernd hast du das Gefühl gehabt, umsonst zu arbeiten. Und weil du Stift warst, hast du die schlimmsten Dreckarbeiten tun müssen. Auch die Gesellensippschaft hat dich ausgenutzt. Niemand kann dir vorwerfen, daß du dir eines Tages zu schade für den Stumpfsinn warst. Nur deine Mutter hat getan als sei der Himmel eingestürzt.

11

Der Junge wankte aus der Küche. Es kostete ihn die Kraft von etlichen Klimmzügen oder Kniebeugen. Er flüchtete sich in das Zimmer, das sich Detlev Richter als Behelfswerkstatt eingerichtet hatte. Der Raum war kalt und kahl. Boden und Wände hatten Herbst. Es hätte den Jungen nicht gewundert, wenn Blätter von der Decke gepurzelt wären. Er nahm den Hammer aus dem Regal und klopfte damit sacht gegen seine Stirn, ehe er weiter ausholte und zuschlug. Hinter seiner Schädelwand brach ein Echo. Die Augen sprangen aus den Höhlen. Zähne zerrten an den Kiefern. Harfensaiten wurden zersägt. Wolken rissen Löcher in den Himmel. Der Junge schrie. Er fiel an die Tür, rieb sein Gesicht auf der Schwelle. Ein Kometenschweif versengte eine Lämmerherde. Er hörte schallendes Furzen und lachte, rollte sich lachend vor die Haustür in den Regen, unter die blasigen Tropfen. Er warf Erde an die nassen Mauern und war froh, daß ihm vieles, wenn nicht alles egal wurde. Und wenn es Verrücktheit war, Irrsinn, mit dem man sein Verhalten erklären würde? Dann, dachte er, wirst du wenigstens nicht mehr auffallen. Immer nur Schweiß und Brot lassen auf die Dauer jeden Verstand verrecken. Was wollt ihr denn, flüsterte er und meinte die ganze Welt, was wollt ihr zum Beispiel mit dem Jüngsten Gericht? Kehrt es die Gesetze, die Ordnung um, macht es die Reichen arm und die Schwachen stark? Das ist nur ein biblisches Gerücht. Wir leben jetzt und nicht erst nach dem Tod.
Plötzlich fühlte er Finger in seinem Haar; etwas riß daran und zog ihn auf die Knie. Jemand schimpfte wie seine Mutter, jemand schlug wie Detlev Richter. Der Junge spürte die Fäuste über den Augen, auf der Nase, den Lippen und ließ sich rücklings fallen.

Du hast nicht standgehalten. Du bist kein Fels in der Brandung, du läßt dich umhauen von dem Specksack, statt ihm in die Klöten zu kicken. Du hast dir alles von diesem Knastbruder gefallen lassen. Was macht er, wenn das Licht abgedreht ist und die Heizungsrippen knacken? Was erzählt er da seinen Zellengenossen? Redet er von meiner Mutter und mir? Falls ja, dann was? Sagt er: Nie wieder? Ich möchte ihn sehen, wenn er weint, wenn er seinen Fraß hinunterschlingt, wenn er an hier denkt und nur ein und nicht aus weiß. Mit seinem Pimmel wird er spielen und sich das Paßfoto meiner Mutter auf den Nabel legen und sich sagen, den Krieg hast du auch ausgehalten, das hier geht schneller vorbei. Schweigen rettet fast immer die Haut.

»Den hat der Hafer gestochen«, sagte der Mann, »der hat die Tracht verdient. Eine tüchtige Abreibung hat noch keinen umgebracht. Stellt sich vors Haus und plärrt sich die Seele aus dem Maul!«

»Trotzdem hättest du noch warten sollen«, sagte seine Mutter. »Vielleicht wär er ganz von allein zur Besinnung gekommen. Er hat ja nichts mehr von sich gewußt. Er ist doch noch so jung.«

»Er ist alt genug.«

»Vielleicht ist er eifersüchtig.«

»Dazu ist er zu faul.«

»Das darfst du nicht denken.«

»Das sag ich aber.«

»Er hat es schwer gehabt.«

»Er ist kein Kind mehr. Er tut nur so.«

»Mein Gott, dieser Junge.«

»Zum Teufel mit ihm.«

»Er ist mein Sohn.«

»Eben.«

»Soll ich ihn einfach so liegen lassen?«

»Er hälts durch und erholt sich«, sagte der Mann. »Er wird

sich erinnern und überlegen. Lassen wir ihn, wie er ist.«
Der Junge lag in der Küche auf dem Sofa, fühlte die schorfige Kruste auf den Lippen und horchte. Sie redeten miteinander als sei er verreist oder schlafe, taub und in schwarzen Träumen. Er war überrascht, daß er noch einmal entkommen war.
Warum, fragte er sich, hast du keine Fahrradkette, keinen Schlagring, keinen Bleiknüppel, kein Rasiermesser? Oder verknorpelte Fäuste? Die Augen sind leicht auszukratzen. Hoden und Schläfen bieten wenig Widerstand. Ein ausgerissener Haarbüschel läßt jeden Stier zusammenzucken. Mit etwas Geschicklichkeit könntest du Gelenke und Glieder knacken wie Strohhalme. In den Großstädten gibt es Kurse für Karate: da kneten sie Tennisbälle, da hauen sie mit hornigen Handkanten zolldicke Eichenbalken durch. Du könntest jeden Kraftprotz zum Gespött machen.
Er antwortete sich: Und am Ende sitze ich im Gefängnis und bin noch machtloser als jetzt.
Er hatte reden hören von Zellenkoller, Arrestbunkern und Marathonwichsereien; erzählt hatten jene, die es hinter und schon wieder vor sich hatten – besoffene Angeber, die mit Aufeinemarschbackenabsitzen, Tagerunterreißen und Fliegebauen prahlten. Sie sagten, wir studieren Knastologie und Gitterkunde; dabei lernten sie nur, sich mit vorgegaukelter Anpassung zu widersetzen. Draußen, in der sogenannten Freiheit, führten sie sich wie wilde Säue auf. Und dann verschwanden sie wieder, für Monate oder Jahre, und fanden sich schließlich nicht mehr zurecht in Alter und Sorgen.
Einmal mußt du dich entscheiden.
Es ist zu früh.
Oder zu spät.
Es wird sich geben.
Nicht von selbst.

13

Es war später Nachmittag oder früher Abend und vermutlich immer noch Sonntag. Seine Lippen lagen fremdartig und federleicht vor den Zähnen, ab und zu stach die Erinnerung in den Wunden. Er hatte die Hände unters Gesäß geschoben, damit er den Schorf nicht anfassen konnte. An den Lidern schien ein schweres Gewicht zu hängen. Mühsam stemmte er sie einen spaltbreit auf.

Seine Mutter und Detlev Richter saßen ausgehfertig angekleidet auf den Stühlen am Tisch. Seine Mutter spielte mit Rockfalten. Der Mann hielt die Arme verschränkt; sie ruhten auf seinem in die Hose gezwängten Bauch.

»Du hast fantasiert«, sagte er. »Ich hab schon gedacht, dir bleibt was.«

»Du mußt dir das Gesicht waschen, Junge«, sagte seine Mutter.

»Warum?« fragte er patzig.

»Wir haben beschlossen, in den Zirkus zu gehen«, sagte der Mann.

»Und du bist eingeladen, uns zu begleiten«, sagte seine Mutter.

»Ich würde nur auf den Feuerschlucker neidisch werden«, sagte der Junge. »Feuer speien, das möchte ich können, das Talent müßte man haben.«

Seine Mutter und Detlev Richter lachten aufwendig.

»Einen Künstler in der Familie, das hat man gern«, sagte seine Mutter.

»Komm«, sagte der Mann.

»Wir wollen uns wieder vertragen«, sagte seine Mutter.

»Nein«, sagte der Junge. »Ihr bleibt so wie es ist. Ich werde anders. Man will sich in seinem Bereich auskennen; deshalb laßt ihr keine Veränderung zu. Bei jedem Schritt teilt sich der Weg.«

Der Mann stand längst auf den Beinen, zu allem entschlossen.

»Es reicht«, schrie er. »Ich schlag dich rein, bis nichts mehr aus dir raus geht.«
»Lieber Vater«, sagte der Junge, »warum holst du dir nicht ein paar Zuschauer dazu, die Eintritt bezahlen? Und Mutter macht den Schiedsrichter. Natürlich wird sie von dir bestochen. Das ist doch schöner als Zirkus.«
»Arbeit zähmt«, sagte der Mann. »Morgen wirst du eine Stelle finden.«
»Oder?«
»Diesmal gibt es kein Oder.«
»Sondern?«
»Ernsti«, sagte seine Mutter. »Ich mußte nach der Schule zu den Bauern und so schwer wie ein ausgewachsenes Mannsbild arbeiten, nur für Kost und Logis manchmal. Es hat mir gereicht, was ich gelernt hab. In der Arbeit braucht man keinen Verstand.«
Der Junge wußte, daß sie in ihrer Jugend auf Strohsäcken hatte schlafen müssen, in Dachkammern, in denen es den Schnee durch die Ziegelritzen geweht hatte und die Wände spiegelglatt vereisten. Im Sommer wurde sie um vier Uhr früh geweckt, im Winter eine Stunde später. Damals mähte man das Gras noch mit der Sense; für den Durst gab es dünnen Tee, der genauso kraftlos wie das Essen schmeckte.

14

Endlich hatte Detlev Richter das Trara abgeblasen. Die Mutter hatte dem Jungen noch schnell ein bißchen Geld zugesteckt und ihm zum Abschied mit Verschwörermiene zugeblinzelt; dann waren sie gegangen. Der Junge stand auf und ließ Wasser in die hohlen Hände laufen. Er spritzte es sich ins Gesicht, bis er erschauerte. Er spürte die lähmende Schwüle in sich. Sie tat richtig weh. Er zog sich aus. Mit den nassen Händen patschte er sich auf den Bauch.

Er dachte, ich reiche bis zum Horizont, und alles vor meinen Augen wird mich empfangen, aufnehmen mit Rucken und Stößen. Die Frauen werden von den Männern ablassen angesichts meiner Erregung.
Sie ragte hart und fest, durch Reibung versteift. Sie bebte bei jedem Schritt, den er zum Fenster hin tat, obwohl er auf Zehenspitzen ging. Hinter den vergilbten Gardinen blieb er unbemerkt.
Draußen, im Garten, in der beginnenden Dämmerung, grub eine Nachbarin mit dem Spaten die lehmigen Erdschollen der Beete um. Der Junge wußte nicht mehr von ihr als daß sie ledig sei. Sie war mollig wie Steinputten auf Kindergräbern. Als sie sich bückte, sah er ihr Fleisch zwischen Strümpfen und Schlüpfer.
Vor Jahren einmal hatte er zugesehen, wie sie die in der Holzlege im Hof eingenisteten Ratten vergiften wollte. Das Pulver hatte sie schon gestreut und gesagt, davon würden die Viecher in ihren Löchern aufgebläht werden.
Sie war jünger als seine Mutter. Er zeigt sich hinter den Gardinen ihrem gekrümmten Rücken, bot sich ihrem wabbligen Hintern an, sah schon seine Hände unter ihrem Rock. Unter seinem Gewicht verjüngte sie sich. Sein Sperma floß über, sprudelte heraus; er stellte sich süße Leckereien vor, die er ächzend anpries.
Die Frau hatte ihm erzählt, wie man Schmalz mit Glassplittern spickt und alles den Ratten vor die Löcher legt. Während des Fressens zerschneiden die Scherben die Gedärme; das Blut macht die Artgenossen wild.
Er winkte ihr samenverschmiert zu.
Sie stapfte zwischen den Beeten herum und sammelte Steinchen. Sie war eine Ausgeburt der Krautgärten, deren Kohlreihen die Stadt begrenzten, manchmal durch Erdbeerfelder verschönt. Sie war eines der dampfenden, schwitzenden Mannweiber, die auf Fahrrädern durch gewittergeladene Abende strampeln, die Gießkanne auf dem Gepäckständer. Er sah ihre Formen durch den Stoff, den prallen Bauch unter

der geblümten Schürze. Die Erdklumpen an ihren Pantoffeln bröckelten ab. Sie wohnte im Nebenhaus; Handelsvertreter blieben oft ungebührlich lange bei ihr. Man munkelte, sie gäbe ihnen mehr als nur Aufträge.
Er stützte sein Kinn auf das Fensterbrett. Wenn sie nur wollte, dachte er, würde er ihr ein Tuch übers Gesicht breiten. Sie müßte nach Schweiß riechen wie ein ermattetes Tier. Er spornte seine Fantasie an. In den Gewächshäusern gischtet das Hochwasser; fleischfressende Pflanzen verschlingen die Brautpaare. Vermählungssträuße faulen, zu Kränzen geflochten, in Sumpftümpeln. Er sah sich Geschlechtsteile in den Garten werfen; er hörte sein Händeklatschen.
Mein Gott, würde seine Mutter sagen, dieser Junge ist zeugungsfähig, aber dessen nicht würdig.
Er lachte und zog sich an. Die Frau im Garten hatte ihn sowieso nicht gesehen. Hätte sie ihn gesehen, hätte sie sich entrüstet oder ihn gemustert, berechnend und abschätzend, oder sie hätte Schimpfwörter geleiert oder gesagt, daß sie keine Knaben schände. Dann fiel ihm ein, daß er sie nicht einmal hätte küssen können, wegen dem Tuch über ihrem Kopf und dem Schorf auf seinen Lippen.

15

Ziemlich spät in der Nacht kamen seine Mutter und Detlev Richter aus dem Zirkus zurück. Sie setzten sich an den Küchentisch, aßen Brot mit Wurst, erzählten von Paraden und Dressuren, belehrten ihn anzüglich mit Gehorsamsbeispielen aus der Tierwelt, ödeten ihn mit Pinguinen im Frack an, auf sein verwahrlostes Äußeres anspielend: da ließ er sie einfach sitzen und lief auf die Straße.
Noch in der Nähe der Haustür hielt ihn ein Betrunkener auf.
»Früher«, sagte er, »da waren wir aber andere Kerle.«

»Das ist lang her«, sagte der Junge.
»Da hatte ich noch meinen Stolz«, sagte der Betrunkene. »Jetzt mischen sich Gifte unters Volk: Nikotin, Alkohol, Syphilis, Akkord, also das ganze Zeug, was die Arbeiter kaputtmacht. Verstehst du mich? Nicht nur der Krieg hat unsereins so zugerichtet. Auch der Friede ist eine harte Zeit. Du mußt arbeiten, und ich muß arbeiten. Alle wollen wir leben.«
»Manchmal nicht«, sagte der Junge.
»Ihr habt die Freiheit nicht allein gepachtet.«
»Rülps«, sagte der Junge.
»Für euch haben wir unsre Schädel hingehalten.«
»Eure Ärsche hätten es auch getan.«
»Du willst also nicht mein Freund sein?« fragte der Betrunkene.
Der Junge sparte sich die Antwort. Er stemmt sich gegen den Mann und schob ihn zur Bordsteinkante; als der Mann den Halt unter den Füßen verlor, gab ihm der Junge einen Stoß und sprang zur Seite. Der Betrunkene stolperte und ging in die Knie.
»Weißt du es jetzt?« fragte der Junge.
Wirte drehten den Zapfhahn zu. Die Leute schliefen dem Montag entgegen. Ihm gehörte die Stadt. Die Parkanlagen waren wie Friedhöfe. Er lief in allen Gangarten, die ihm einfielen, hinkte, wirbelte und schleuderte seine Beine, stelzte, schlurfte, wechselte dauernd die Straßenseite, klapperte mit den Absätzen, trippelte auf Zehenspitzen, erfand laufend neue Schritte, um sich abzulenken.
Dann kehrte er um.
Detlev Richter hatte in der Küche auf ihn gewartet. Der Junge verzog keine Miene, als er geschüttelt wurde; er ließ sich hin und her reißen, wehrte sich nicht, hielt sich locker zwischen den zerrenden Griffen und beugte gleichgültig den Kopf. »Einmal«, schrie der Mann, »geschieht noch ein Unglück.« Dabei warf er den Jungen um und trat nach ihm; der Junge kauerte sich neben die Kohlenkiste als wolle er

sich wärmen. Sein Gesicht war wie aus nasser Pappe. Nach einer Weile gelang es ihm endlich, Sätze zu denken, die er aussprechen konnte.
»Dafür wirst du noch in Gips baden«, sagte er, »und in Verbänden verschimmeln. Du wirst noch winseln, Mann, das schwör ich dir. Ich halte noch mehr aus.«
Später lag er lange wach. Sein Penis war ein trauriges Ding. Es lag schlaff zur Seite und roch nach wertlosen Abenteuern. Sie waren sich ähnlich wie Zwillinge. Der Junge zog die Decke über den Kopf; der miefige Dunst schirmte ihn ab.
Es wäre nicht schwer gewesen, ihm die Knochen zu brechen oder die Haut vom Fleisch zu schälen. In dieser Beziehung war er keine Ausnahme. Trotzdem fühlte er sich wie ein fremder Geschmack in all den Fadheiten. Man konnte ihn nicht genießen. Er erregte Widerwillen. Ihm blieb nichts anderes übrig als zu arbeiten, in der Fabrik erwachsen zu werden und im Bett ein Kind zu bleiben.
Der Schlaf war wie ein gewaltiges Gebirge. Im Traum schrie der Junge nicht; er suchte nach Worten.

16

Die Penner und Streicher kamen mit dem Zug an oder reisten per Anhalter, sie tippelten oder entwendeten Fahrräder, waren immer von einer Großstadt zur nächsten unterwegs. In Dörfern und mittleren Ortschaften machten sie Zwischenstation; dort bevölkerten sie die kümmerliche Halbwelt. Im Herbst war das überall gleiche Himmelszelt eine löchrige Plane, aus der Graupelschauer stoben, und in den Scheunen wachten dann die Hofhunde. Einige Penner wollten ins Gefängnis, andere heim, was sie nur dunkel im Gedächtnis hatten, ein paar starben oder gingen unter; die meisten aber zählten in den Obdachlosenasylen die geschnorrten Groschen, um Essen betend. Manche nahmen Gelegenheitsarbeiten an oder hatten das Glück, bei Witwen kostenlos unterzuschlüpfen. Nirgends faßten sie für länger Fuß. Kein Platz war es wert, für immer zu bleiben. Auf den Wanderschaften verloren sie die Erinnerung. Ihre Philosophie hieß Überwinden und Ausharren. Sie wurden als Abschaum bezeichnet, als Strandgut, sie ließen sich lenken wie Puppen; nur Unterkunft und Verpflegung konnten sie locken. Wo etwas zu bekommen war, das bestimmte ihre Richtung. Jederzeit blickten sie dem Tod ins Glasauge. Nur auf Mitleid konnten sie nicht verzichten, auf mildtätiges Erbarmen, denn damit bestritten sie ihren Unterhalt.

Auf den Jungen wirkten sie wie Helden. Wie sie wollte er im Rausch leben, der die Wirklichkeit entfernt, dazwischen schlafen und essen und, wenn überhaupt, dann nur kurz und auf keinen Fall zu lang oder gar für immer arbeiten. Ihre Bedürfnislosigkeit wollte er sich freiwillig auferlegen; diese Armut schien ihm erträglicher.

Morgens warteten sie vor den Kneipen, bis die Wirte öffneten. Der Junge stellte sich einfach zu ihnen, in den sauren Dunst, zwischen die Schleimbrocken, die sie aufs Trottoir gespuckt hatten, sah zu, wie sie sich Zigaretten aus Kippenresten kurbelten und vor Müdigkeit fröstelten. Einige pfiffen jeder Frau hinterher, schnalzten knallend oder schoben den Daumen zwischen Mittel- und Zeigefinger, hieben sich wiehernd auf die Schenkel, kratzten sich offen oder ruckelten anzüglich mit den Ärschen.

Das Haar wächst uns zur Mähne,
die Seife ward uns fremd,
wir putzen keine Zähne,
wir wechseln auch kein Hemd.
Durchnäßt sind alle Kleider,
oft bleibt der Magen leer.
Von Bier und Wein gibts leider
auch keinen Tropfen mehr.
Es quatscht in Schuh und Socken,
der Dreck spritzt bis zum Ohr;

das einzige, was noch trocken,
sind Kehle und Humor.

Ein Typ, der nicht viel älter war als er, sprach den Jungen an. Die angefetteten Haare hingen ihm ungescheitelt herab, strohige Zotteln rollten sich über den Film am Hemdkragen. Unter dem Arm trug er eine Tüte mit Brot und Wurst.

»He«, sagte er, »bist du der Spion hier aus dem Kaff? Du hast mir aber einen schwulen Blick.«

Der Männerhaufen begann zu kichern. Der Junge grinste bloß.

»Ich dachte immer«, fuhr der Typ fort, »in der Provinz würden solche wie du gelyncht.«

»Du verwechselst mich wohl«, sagte der Junge. »Ich hab nichts gegen euch, im Gegenteil.«

Es dauerte noch einige Zeit, bis der Wirt in der Tür erschien und die Kneipe für geöffnet erklärte. Hinter ihm her drängelten sich die Wartenden hinein. Im Vorbeigehen nahm sich der Junge eine Zeitung vom Tresen; dann folgte er dem Typen an einen Tisch. Er war ein bißchen verlegen, deshalb hielt er die Zeitung beim Lesen vors Gesicht. Taubenkiller stand auf der ersten Seite in fetten Lettern. Die Bürger hatten sich empört, der Tierschutzverein eine Belohnung zur Ergreifung der Täter ausgesetzt. Die Summe hielt sich in Grenzen. Der Junge faltete die Zeitung und legte sie auf einen leeren Stuhl.

Das Gastzimmer hatte die Form einer Streichholzschachtel. Die Decke war mit verräucherten Holzplatten getäfelt. Die Vorhänge waren braungebeizt. Es roch nach abgestandenem Rauch. Von den Wänden sprang die Farbe ab. In einer Ecke stand wie zum Hohn ein Klavier. Darauf stand ein als Verzierung gedachter Spucknapf, der nichtsdestoweniger benutzt wurde. Früher war die Kneipe eine gutbürgerliche Pinte gewesen; jetzt wurde sie wie eine Lasterhöhle gemieden. Kein anständiger Mensch aus der Stadt wäre auf den Einfall gekommen, sie zu besuchen.

Der Typ an seinem Tisch schwieg eisern; er bestellte auch

nichts. Der Junge winkte dem Wirt.
»Zwei Tassen Kaffee«, sagte er.
»Trinkt der nicht«, sagte der Wirt griesgrämig.
»Und Tee?«
»Pfefferminzlikör«, sagte der Typ.
Der Wirt ließ sich Zeit. Dafür waren die Gläser bis über den Eichstrich vollgeschenkt. Der Junge beobachtete sein Gegenüber, wie der sich mit dem scharfsüßen Zeug den Mund spülte, es immer wieder durch die Zähne schlürfte und die Flüssigkeit in der Kehle schwappen ließ, ehe er mit zurückgelegtem Kopf schluckte und angewidert das Gesicht verzog. Dann rieb sich der Typ heftig die Augen.
»Ich heiße Leopold«, sagte er.
»Ernst«, sagte der Junge.
»Bist von hier?«
»Ja.«
»Willst dich davonmachen?«
»Vielleicht.«
»Taugt aber wenig, auf der Straße rumzugondeln. Hast bald satt, ist wirklich beschissen, Almosen ergattern bringt nichts, macht einen kaputt.«
»Ich weiß nicht.«
»Darfst mir glauben, wirst bloß krank von der ganzen Scheiße.«
Der Junge fühlte sich plötzlich zermürbt. Er fieberte nicht mehr danach, sich selbst zu erklären.
»Arbeitest du?« fragte er.
»Zur Zeit mach ich überhaupt nichts.«
»Wie ich.«
»Gemeinsamkeit ist anders, Kleiner«, sagte Leopold. »Ich hab zum Beispiel mitgeholfen, den Zirkus abzubauen, die ganze Nacht durch, während du bestimmt gepennt hast.«
»Ich wollte auch mit abbauen«, sagte der Junge, »sie haben mich aber nicht genommen. Es ist unmöglich, Arbeit zu finden, die einem gefällt.«
Der Zirkus ist also weitergezogen, dachte er. Alles läuft

durch dein Leben durch, und du kannst nichts festhalten und dich nirgends anschließen. Warum hast du die rollenden Wagenräder nicht gehört, warum bist du nicht aufgewacht und aufgesprungen?
Die Männer an den Tischen tranken; einige schliefen, auf den Stühlen schwankend. Wer nicht eingeschlafen war, drängte sich um den Spielautomaten, als ein Haufen Groschen aus dem Gewinnschlitz schepperte. Zigaretten wurden in den Aschenbechern vergessen, Bier wurde schal; der Schaum sank in den Gläsern.
Der Junge sah sich um als hätte er geträumt. Er legte sein Geld auf den Tisch und wollte Hoffnung, einfach hören, daß es mit jedem weitergeht, so oder so, und daß man sich selbst entführen kann. Warum traf er immer nur Leute, die mit ihren Problemen nicht fertig wurden? Das ganze Leben schien ihm ein Bahnhofsgelände zu sein, auf dem alle Weichen falsch gestellt waren. Man verpaßte die Abschiede, hatte immerzu Verspätung oder die verkehrte Fahrkarte; jede Reise endete an Prellböcken.
»Ich muß arbeiten«, sagte der Junge, »ich brauche Arbeit. Mein Alter läßt mich zum Teufel gehen, wenn ich wieder ohne Job aufkreuze. Weißt du nichts für mich? Ich red mit dir. Sag was!«
»Dafür ist das Arbeitsamt zuständig«, sagte Leopold.
»Ich will doch nichts Dauerhaftes«, sagte der Junge. »Außerdem hab ich keinen Beruf.«
»Meine Papiere bestehen auch nur aus Lücken.«
»Vielleicht wär es auch besser gewesen, ich hätt meine Lehrzeit durchgehalten«, sagte der Junge.
»Mein Alter hat immer gesagt, die Arbeit sei es, die den Menschen veredelt. Mit solchen Sprüchen hat er sich am Leben gehalten. An seinem bißchen Rente ist er dann gestorben. Er hat sich blöd gesoffen, weil er plötzlich merkte, was er alles versäumt hatte. In der Fabrik hat er nämlich nie erfahren, daß tagsüber woanders gelebt wird.«
»Hör mal«, sagte der Junge, »ich hab Lust, mitzugehen. Ich

hab es wirklich ehrlich vor. Ich paß auf, daß ich dir nicht zur Last fallen werde, aber anfangs hab ich jemanden nötig, der mich einweist. Ich werd dir bestimmt keine Schwierigkeiten machen. Es stinkt mir, hier zu sein, verstehst du? Wenn ich nicht fortkomm, bin ich wie Hänsel und Gretel.«
»Du bist naiv«, sagte Leopold. »Das ist ja so als ob sich ein Schiffbrüchiger auf eine sinkende Nußschale retten möchte. Du hast vergessen, was ich anfangs gesagt habe. Das Glück liegt im Panzerschrank und nicht auf der Straße! Man muß einen Wagen knacken können, eine Knarre haben, dann gibt es keine Hindernisse mehr für unsereinen. Dann hast du was, mit dem du schnell zur Sache kommen kannst.«
»In meinem Alter schaff ich das nicht«, sagte der Junge. »Ich wüßte ja nicht mal, wie man ein Auto startet.«
»Dann mach doch, was du machen darfst, und verschluck am besten gleich deine Zunge«, sagte Leopold, und plötzlich packte er einen Arm des Jungen und zog ihn wie einen Sack halb über den Tisch zu sich hin. »Nun paß auf«, flüsterte er, »und hör mir gut her. Ich will fair zu dir sein. Für deine Träume bin ich momentan zu ausgelaugt. Ich war älter als du, als ich in diese Gesellschaft geraten bin. Ich hatte nur ein paar fixe Ideen im Schädel und das, was ich am Leib trug; so war ich ausstaffiert.«
Der Junge riß seinen Arm aus der schmerzenden Klammer und sagte: »Wenn wir uns hier unsre Lebensgeschichten erzählen, dann sterben wir an diesem Tisch.«
»Und die Typen um dich rum«, sagte Leopold, »sind durch die Bank lauter Geier. Sic versuchen dich auszutricksen, sobald du auf ihre Kumpanei reingerasselt bist. Die schachern um jede Stecknadel. Die würden noch ihre Mutter auf den Strich schicken. Nur die Gebrechlichen frömmeln. Die andern brauchen alles, drum ist nichts vor ihnen sicher. Die lassen einen nicht mehr aus und los. Überall da trifft man sie, wo es Jobs gibt, für die sich bessere Leute zu schade sind. Und wenn sie dann Geld haben, feiern sie gleich, daß sie Geld haben. Man lebt eigentlich für nichts. Ist man weg, fällt es

nicht weiter auf. Man räumt eben die Stelle für einen Neuen und basta. Bei uns faßt man keinen Vorsatz.«
»Warum steigst du nicht aus?« fragte der Junge.
»Man kann nicht immer wieder ganz von vorn loslegen«, sagte Leopold und horchte in sich hinein. »Mein Magen knurrt als hätt ich einen Köter verspeist.«
Er bestellte einen Teller Suppe. Sein Rufen nach dem Wirt weckte die Schläfer.
»Ich hab dich was gefragt«, sagte der Junge.
»Ich hab keine Antwort«, sagte Leopold.
In seinen Augen schwammen stumpfe Lichter. Er steckte seine Zunge ins leere Glas und leckte es aus.
Als der Wirt die Suppe brachte, sagte er: »Für euch beide hab ich einen Tip. Hinter der Siedlung werden Häuser gebaut. Dort braucht man Hilfskräfte. Das stammt aus der Zeitung. Ich habs gelesen. Grad eben.«
»Mhm«, sagte Leopold, »könnte klappen. Auf dem Bau ist man nie knauserig. Kleiner, wir haben Dusel; das ist unsre Weihnachtsbescherung.«
Für den Jungen sah es aus als würde Leopold den Löffel essen, so hastig und gierig flößte er sich die Suppe ein. Der Dampf, der aus dem Teller stieg, trieb ihm Schweiß auf die Stirn.
»Immer der gleiche Fraß«, sagte er. »Wer das ißt, gibt seinen Hunger zu, gesteht, daß er sich mit Fettaugen über Wasser hält, erfreut sich an einem Reiskorn, begeistert sich an einem Nudelfaden. Die Suppe ist das nasse Brot. Mahlzeit!«

17

Leopold, nicht mehr hungrig und auch nicht satt, hatte den Teller saubergeschabt; der Junge beglich die Zeche. Draußen schien die Sonne blaß und trüb vom Himmel. Sie wärmte nicht; der Wind biß kalt durch die Kleider. Der Junge fühlte sich schwindlig. »Ein Wetter wie im März«, hörte er Leopold sagen. Der Junge sah zu einem Vogelschwarm auf, der über den Dächern kreiste. Er hatte sich daran gewöhnt, daß ihn die Leute anstarrten, er sah dann einfach weg; Leopold dagegen verblüffte die Gaffer, indem er sie grüßte als seien sie gute Bekannte. Auf der Brücke riß der böige Wind als wolle er sie unter die Pfeiler zerren. Der Junge blickte über die graugekräuselte Wasserfläche, die Wiesen und Äcker überschwemmt hatte; er kam sich vor wie auf dem Meer, unter sich versunkene Gärten. Dann sah er die Kräne hinter der Siedlung. Sie waren höher als die zerzausten Föhren am Waldrand und wirkten wie Bohrinseln. Leopold hatte sich über das Brückengeländer gebeugt und las die Maße vom Pegel ab. Nur das obere Ende der gestrichelten Latte war zu erkennen. »Noch weit?« fragte er. Der Junge sparte sich das Nein und schritt rascher aus. Leopold schnaufte in einigem Abstand hinterher.

Vor dem einzigen Denkmal in der Stadt blieben sie stehen. Dahinter verzweigte sich die Straße zu einer Kreuzung. Das Denkmal war aus einem Granitblock der nahen Steinbrüche gehauen worden. Es stellte einen nackten Fischer mit Tonsurfrisur dar, dessen Blößen nur angedeutet waren. In seinem Netz hatte sich ein Fisch verfangen, der mit großen Glupschaugen durch die Maschen glotzte. Beide lebensgroße Figuren waren schuppig geklopft als hätte der Künstler in seinem Schaffensdrang Fisch und Fischer dauernd verwechselt. Auf dem Sockel lagen Gehäuse von Schnecken, ebenfalls aus Granit.

Der Junge fand in der Jackentasche noch eine aufgeplatzte Zigarette; er klebte die Löcher im Papier mit Spucke zu und gab Leopold ein paar Züge ab. Der feuchte Rauch brannte durch die ausgekühlten Lungen.

»Was sind denn das für zwei Puppen?« fragte Leopold und zeigte auf die Kreuzung. Der Junge schaute in die angedeutete Richtung.

Auf der kleinen Verkehrsinsel standen, das konnte er zwischen den vorbeibrausenden Autos erkennen, Liesie Kowanda und ihre Tochter. Die beiden winkten ihnen zu; die ältere Frau rief lauthals: »Laßt uns bloß was übrig!« Dann rannten sie in eine Fahrzeuglücke. Ein Pkw hupte durchdringend, der Fahrer stoppte, kurbelte das Seitenfenster herunter, zwängte seinen Kopf durch den Spalt und brüllte: »Ihr habt wohl keine Glotzer im Schädel? Beim nächsten Mal bremse ich nicht mehr, verdammtes Geschwartel!«

Ohne sich umzudrehen, patschte sich Liesie Kowanda mit der flachen Hand auf den Hintern.

Ihre Tochter war schon über die Kreuzung gelaufen und sog gierig an der Kippe. Leopold blies sich glimmende Ascheflocken vom Daumennagel.

»Tut gut«, sagte die Mutter, die den letzten Rest Tabak paffte und dann den angeschmorten Filter ins Fischernetz schnippte.

Leopold wußte nicht, was er von den beiden halten sollte. Deshalb blickte er fragend den Jungen an, der verstohlen mit den Achseln zuckte. Der Junge kannte Mutter und Tochter nur vom Hörensagen; Gerüchte allerdings gab es genug. Es hieß, sie stammten von Zigeunern ab und seien aus ihrer Sippe verstoßen worden. Bei der Geburt der Tochter sei die Mutter in der Stadt geblieben und seßhaft geworden, und bald wurden beide zum Gesindel gezählt. Sie hatten eine Baracke vor der Stadt bezogen, weit weg von den letzten Häusern; im Herbst rutschten sie auf nassem Laub aus, im Winter wurden sie eingeschneit, im Frühling beklagten sie ihre Frostbeulen, die wie Nesseln brannten, und in den Sommernächten wühlten sie nach Geld und Glied in den Hosen der Männer, die den Weg zu ihnen hinaus nicht scheuten. Mutter und Tochter fanden, was sie suchten. Die Mutter wollte die Jungen, und die Alten wollten die Tochter. In der Barackenküche wurden Bauern und Städter abgefertigt; es gab kaum einen Mann in der Gegend, der sich nicht rühmte, er hätte Mutter oder Tochter oder gleich beide anständig durchgezogen. Manchmal erschien die Polizei; dann

ruckten die Lichtkegel ihrer Taschenlampen im Unterholz hinter den aufgescheuchten Freiern her.
Bei der Mutter kringelten sich schwere dunkle Locken um ein Gesicht, das früher von einer scharfen, wilden Schönheit gewesen sein mußte. Jetzt war es zerstört durch die Nächte mit Männern, die keinen Wert auf das Gesicht legten. Es lag aber nichts Lasterhaftes darin; es war einfach kaputtgemacht worden, von Bartstoppeln zerschunden, von Alkohol verätzt. Der Junge wehrte sich gegen das Gefühl, Liesie Kowandas Atem müsse nach Sperma riechen. Die Verwüstungen an und in ihrem Leib wagte er sich gar nicht vorzustellen. Bei ihrer Tochter wirkte die füllige Haarpracht noch engelhaft. Die Jugend hatte sie bisher vor dem Verfall bewahrt. Der Junge nahm sie mit allen Fasern seines Körpers wahr; ihr Anblick füllt ihn aus.
»Uns kommt es so vor, als ob ihr zwei zu allein seid«, sagte Liesie.
»Reizend von euch«, sagte Leopold.
»Das ist meine Tochter Kati. Sie spricht nicht viel, weil sie stottert.«
»Wir müssen weiter«, sagte der Junge, »sonst machen die Mittagspause.«
»Wir wollen nämlich arbeiten«, fügte Leopold in einem Ton hinzu, der beinahe witzig klang.
»Wir kommen bloß mit«, sagte Liesie, »wenn ihr euch Vorschuß geben laßt.«
»Okay«, sagte Leopold. »Mein Freund Ernst macht den Führer. Würden die Damen bitte folgen?«
Der Junge hörte ihre Schritte hinter sich. Als er sich einmal umdrehte, bemerkte er, daß Kati ganz am Ende ging. Er war enttäuscht und beschloß, sich nicht noch einmal umzudrehen. Er fiel sogar in einen leichten Trab. Er wollte sich keine Blöße geben; er tat als sei ihm das Mädchen völlig egal. Schließlich stoppte er einen Lastwagen. Alle durften einsteigen; Kati mußte sich auf seinen Schoß setzen. Die Reifen furchten durch den matschigen Boden, schleuderten Gras-

büschel zur Seite.
Der Junge wußte nichts mit seinen Händen anzufangen. Im Rückspiegel sah er das Gesicht des Mädchens und schämte sich, weil ihn das Gewicht auf seinem Schoß erregte. Er hatte ein Gefühl wie Liebe; er wollte in dieser Lage nicht nachgeben. Das Mädchen hielt sich stocksteif. Die Stellung wurde ungemütlich. Sein Schoß saugte ihre Wärme auf. Plötzlich bildete er sich ein, sein Penis sei eine Kerze. Er knirschte mit den Zähnen, um nicht stöhnen zu müssen. Er hatte das Bedürfnis, das Mädchen mit Küssen von Schweiß und Staub und dem Unrat früherer Liebschaften zu reinigen, alle Schmach, die sie in vergangenen Zeiten erdulden mußte, von ihrem zarten Fleisch zu lecken. Er wollte sie nicht mit seinen Gelüsten belästigen. Es war ihm schon unerträglich genug, ihre schlechten Erfahrungen zu ahnen. Er bemühte sich, seine edlen Regungen zu behalten. Es gibt nur wenige Augenblicke im Leben, dachte er, in denen es ganz deutlich wird, daß man lebt. Am liebsten hätte er sie gefragt, ob es ihr unangenehm sei, daß sie ihm gefiel. Antworten, dachte er, sind wie Zucker in einer versalzenen Suppe. Er wollte glauben, daß sie mit der Seele sprechen könne, wortlos und stumm wie sie war; er ließ sie sagen: Ich bin nicht frei und du bist nicht ungebunden. Liebe allein ernährt uns nicht. Uns gehört die Luft, und das ist wenig zum Leben, ein Nichts für das Glück. Wenn sich zwei Arme zusammentun, entsteht das Elend. Wir können uns nichts geben, weil wir nichts haben. Ein Geldschein ist wichtiger als ein gutes Wort.
»Lauter reiche Stinker, die sich hier ihre Villen bauen lassen«, sagte der Fahrer. »Ich hab fünf Kinder und drei Zimmer als Wohnung. Hier entstehen Raubritterburgen, sag ich euch, Herrensitze, nichts für uns. Und ich Arschloch kann mich nicht mal besaufen bei meinem Beruf.«
Er hieb mit der Faust auf die Hupe. Dann bremste er. Der Junge stieß die Tür auf; das Mädchen kletterte auf das Trittbrett und sprang von dort auf den lehmigen Boden.
»Der Schuppen da drüben ist das Baubüro«, sagte der Fah-

rer; dann röhrte er dreckaufwirbelnd davon.
Hier oben pfiff der Wind noch verdächtiger. Die Stadt war in die Ferne gerückt; sie sah aus als habe man die Dächer auf die Erde geklebt.
Wieder ging der Junge voran, an den Baustellen vorbei. Gerüststangen vergitterten die Fassaden, Leitern steckten in Fundamentlöchern, Schubkarren standen auf schmierigen Bohlen, die auf Kies lagen. Die Arbeiter verschwanden hinter ihren Geräten. Sie waren vermummt, unkenntlich. Der Junge hatte den Eindruck, daß sich hier nur die Landschaft trostlos bewegte.
Das Baubüro war ein roher Bretterverhau, der harzig roch, weil er geheizt wurde. Liesie sagte: »Wir warten auf euch.« Leopold klopfte an die Tür. Drinnen rief jemand unwirsch »Herein!« Der Junge schob sich hinter Leopold her. In dem Kabuff herrschte eine solche Bullenhitze, daß ihm sofort der Schweiß ausbrach. An den Wänden stapelten sich Akten; hinter dem Schreibtisch saß ein Bursche mit roten Borsten auf dem Kopf. Mit einem barschen Wink forderte er Leopold auf, Platz auf dem einzigen Stuhl zu nehmen. Leopold bedankte sich überschwenglich. Dann behauptete er, daß ihm die Stadt gefalle und daß er sich hier und nirgends anders niederlassen und arbeiten wolle, um vielleicht in naher Zukunft eine Familie gründen zu können.
»Meinetwegen«, sagte der Bursche gelangweilt. »Ich bin einverstanden. Morgen früh um sechs Uhr melden Sie sich bei mir. Wir brauchen noch ein paar Mörtelmischer.«
»Und ich?« fragte der Junge.
»Deine Sache«, sagte der Bursche.
Der Junge musterte ihn genau; von irgendwoher kam er ihm bekannt vor.
»Hör mal«, sagte er; dann fiel ihm eine kleine Narbe an der Nasenwurzel, in der Mitte zwischen beiden Augen auf.
Schlagartig erinnerte er sich: früher einmal, vor dem Konfirmationsunterricht, war er auf dem Schulhof jemandem hinterhergehetzt, der fuchsrote Haare hatte. Der Verfolgte

schrie vor Angst. Aus vollem Lauf sprang ihn der Junge rücklings an und riß den Brüllenden zu Boden. Damals hatte der Junge gelernt, den aufgebrachten Pfarrer anzugrinsen als sei alles nur harmlose Gaudi, während er dem zappelnden Opfer die Ohren verdrehte. Die Schelte des Pfarrers hatte ihn so gereizt, daß er dem Liegenden, barfuß wie er war, einen Fuß ins verheulte Gesicht donnerte und ihm dabei einen blutenden Schlitz quer über die Nasenwurzel schrammte. Das Blut hatte gefährlich ausgesehen, aber die Wunde war harmlos gewesen.

»Du bist aber nachtragend«, sagte der Junge. »Heute würdest du nicht mehr so glimpflich davonkommen. Paß bloß auf, daß ich dich nicht aus deiner Bude schleif und dir draußen vor allen Leuten das Scheißen in die Strümpfe beibring.«

»Kleiner«, sagte Leopold, »was ist los mit dir?«

»Lassen Sie ihn doch quatschen«, sagte der Bursche. »Diesmal bin sowieso ich im Vorteil.«

Der Junge nahm die Hände aus den Taschen. Leopold packte ihn am Arm.

»Sei vernünftig, Kleiner«, sagte er, »ich möchte hier für niemanden Partei ergreifen.«

»Halt dich raus!« sagte der Junge. »Den mach ich zur Sau!«

Der Bursche angelte sich hastig den Hörer von der Telefongabel und sprach in die Muschel: »Polizei? Schicken Sie bitte sofort einen Beamten . . .«

»Er hat nicht gewählt«, flüsterte Leopold und ging hinaus.

»Hallo?« rief der Bursche. »Ja. Ein gewisser Ernst Krauter . . .«

»Jetzt bin ich am Drücker«, sagte der Junge. »Laß die Faxen! Stellst du mich nun ein oder nicht?«

»Ich muß erst meinen Vorgesetzten fragen«, sagte der Bursche.

Es ist wirklich lächerlich, so verschaukelt zu werden, dachte der Junge. Was konnte er noch sagen? Papierkorbleerer? Bleistiftspitzer? Hatte der Scheißkerl in seiner sicheren Lage

überhaupt eine empfindliche Stelle?
Dem Jungen fiel nichts ein.
»Ich hab genug Ärger«, sagte er, »und das ist dein Glück.«
Fast verlegen wartete er auf eine Antwort in der Hoffnung, wenigstens dann würde ihm etwas einfallen; er wartete vergeblich. Der Bursche schwieg. Damit war alles aus. Der Junge ging zur Tür und zog sie sogar hinter sich zu.
Draußen floß Nebel die Hänge hinab; das Tal hüllte sich in Dunst. Leopold hatte an der Tür gelauscht. Er seufzte und schnitt ein Gesicht als fühle er mit. »Tu nicht so dumm«, sagte der Junge. Dann lief er geradewegs, ohne sich umzudrehen, auf den Wald zu. Er wünschte, er hätte sich heimlich davonschleichen können.

18

Aus seiner Kindheit wußte der Junge, daß in der Nähe der Baustelle eine Felsgrotte lag. Früher war sie von einer Brauerei als Lagerkeller benutzt worden; seit einigen Jahren stand das Gewölbe leer. Eine Schutthalde schirmte es von außen ab. Noch als Heranwachsender war er häufig dort gewesen. Damals hatten sich in jedem Stadtviertel Kinderbanden gebildet, die bei jeder Gelegenheit gegeneinander kämpften. Die Horde, der er angehört hatte, hatte sich die Grotte als Schlupfwinkel und Versammlungsplatz hergerichtet. Aus Obstkisten und Wellpappe hatten sie Lagerfeuer geschürt und im Kreis rings um die Flammen gesessen. Jeder hatte sich mit jedem verbunden gefühlt; sie hatten eine verschworene Gemeinschaft gebildet, in der alles Erbeutete redlich geteilt wurde. Als die Ältesten angefangen hatten, von Freundinnen zu schwärmen, bekam die Bande die ersten Risse und zersplitterte in haltlose Trüppchen. Schließlich brachten die Älteren die Freundinnen mit in die Grotte und scheuchten die Jüngeren davon. Von da an hatte sich der Junge als

Einzelgänger gefühlt.
Er hörte, daß ihm Leopold, Kati und Liesie Kowanda folgten. Er ging schneller, brach durch die Büsche, lief über bemooste Wurzeln und lauschte dem Getuschel in seinem Rücken, das in der Stille nach leisen Echos klang. Dornen hakten sich bei ihm ein; er nahm sie gern ein Stück mit, ehe er die Zweige wie stachelige Peitschen zurückschnellen ließ. Einmal ging er in die Hocke und spähte nach hinten. Leopold war gerade dabei, das Mädchen abzugriffeln. Es tat dem Jungen weh, daß sich Kati nicht zur Wehr setzte. Verzweifelt versuchte er zu begreifen, warum sie sich so verhielten. Als er wieder aufstand, bekam er einen Ständer, und das ärgerte ihn. Verstört ging er weiter. Abfälle schoben sich wie eine Gletscherzunge ins Dickicht, der Unrat lichtete die Sträucher, der Müll türmte sich bis zu den untersten Ästen. Der Junge lehnte sich an einen Stamm und ruhte eine Weile aus. Vor ihm führte ein Trampelpfad durch das Gerümpel.
Ganz in der Nähe hörte er plötzlich seinen Namen rufen; kurz darauf erklang Gelächter. Dann warfen sie mit kleinen Steinen nach ihm. Er sperrte einen tiefen Atemzug in die Lunge und hastete über die Müllkippe. Ehe er in den Eingang der Felsgrotte taucht, drehte er sich um. Aus der Entfernung wirkten die Gesichter jenseits der Abfallhügel wie winzige Masken mit offenen Mündern. Der Junge tastete sich die glitschigen Stufen hinab und verschwand in der moderwarmen Finsternis.
Unten zündete er ein Streichholz an; die Flamme flackerte kaum. Er fand ein paar Kerzenstummel, die er mit heißem Wachs auf einen Steinvorsprung klebte. Im hintersten Teil des Gewölbes schimmelte eine stockfleckige Matratze. Fetzen aus Comicheften lagen zwischen leeren Schnapsflaschen und verwesten Kothaufen. In jeder Bodenritze faulten Zigarettenkippen. Ein gebrauchtes Präservativ schwamm auf dem gärenden Inhalt einer Konservenbüchse.
»Da vorn ist ein Lichtschein«, sagte Liesie in der Schwärze. Es enttäuschte den Jungen, daß sie ihn aufgestöbert hatten.

Er buhte wie ein Gespenst in die Dunkelheit, aus der sie sich blinzelnd heranschoben. »Hoppla«, fügte Liesie hinzu, »das Nest ist mir aber fremd.«
»Herrschaften, hier ist das Hotel zur Hölle!« rief der Junge im Marktschreiertonfall. »Gleich wird der Teufel die Tore verrammeln.«
»Uns kann das bloß recht sein«, sagte Leopold und umarmte zielstrebig das Mädchen. Der Junge fühlte sich bei diesem Anblick uralt werden. Sie übergingen ihn nicht, sie überrumpelten ihn. Er kam sich vor wie ein Schaf, das eine Herde Wölfe bewacht.
»Kleiner«, sagte Leopold und umschlang Kati noch fester, »bei vier Personen ist niemand das fünfte Rad am Wagen.«
»Es gibt auch dreirädrige Karren«, sagte der Junge.
»Wenn du wichsen willst, schauen wir weg«, sagte Liesie.
»Es sei denn, du möchtest lieber eine Ladung abgekaut kriegen«, fügte Leopold hinzu.
»Ihr spinnt«, sagte der Junge. »Leckt euch meinetwegen die Scheiße aus dem Arsch. Eure Anhänglichkeit wird mir langsam lästig. Geht doch endlich! Ihr stört mich!
»Maulwurf«, stotterte Kati.
»Bin ich das?« fragte der Junge.
Am liebsten wäre er geschrumpft und in irgendeiner Spalte versunken, hinabgeschwebt ins Unterirdische. Er träumte bei vollem Bewußtsein. Dort unten würde der Himmel aus Felsen bestehen, manchmal würde es Humus aus den steinernen Wolken regnen; seine Augen würden sich zurückbilden, es gäbe nicht mehr viel zu sehen, und das schien ihm verheißungsvoller denn je.
Als Leopold das Mädchen auf die stinkende Matratze preßte, blickte der Junge zur unsichtbaren Decke hinauf. Liesie knöpfte seinen Hosenlatz auf; sie brauchte nicht lange zu kneten, bis er widerwillig ein paar Tropfen schleimiger Flüssigkeit ausschied. Als sie ohne eine Pause weitermachte, entwand er sich ihrem reibenden Griff. Nur die unheimlich geblähten Schatten von Kati und Leopold erregten seine

Aufmerksamkeit; sie hoben und senkten sich in einem verschlungenen Tanz.
»Du hast wohl eine Prothese?« fragte Liesie. »Oder bist du querschnittgelähmt?«
Der Junge flüsterte: »Ich hab keinen Bock drauf, die Nummer 999 zu schieben.«
»Der Schlappschwanz ist in seinen Handbetrieb verknallt!« sagte Liesie überlaut und lachte.
Er packte die Kerze und torkelte durch die Höhle auf den Ausgang zu. Unterwegs erlosch die Flamme. Auf allen Vieren kroch er die Stufen hinauf; der näherrückende Lichtfleck brachte ihn halbwegs zur Besinnung.

19

Draußen die Landschaft kam ihm so fremdartig vor, daß er aus Ungewißheit jeden Spatzen grüßte. Auf den Äckern sprangen Krähen von Scholle zu Scholle, krächzend, flatternd, und pickten nach Würmern. Die Arbeiter hatten Feierabend. Eichkätzchen turnten an den Gerüststangen. In der Stadt qualmten die Schlote. Das Hochwasser plätscherte frostig, leicht klirrten die Wellen. Der Brückenbogen schien an den Geländerlampen zu schaukeln. Es hätte den Jungen nicht gewundert, wenn er plötzlich im Nebel hätte schwimmen müssen. In der Siedlung schleppten Kinder Netze und Körbe voller Flaschen in die Wohnungen.
Zuhause mußte er klingeln und warten, bis seine Mutter die Haustür aufschloß.
»Grüß dich«, sagte er.
»Er möchte mit dir sprechen«, sagte seine Mutter. »Er ist in der Werkstatt. Geh nur.«
Der Junge ging auf die Tür zu, hinter der Detlev Richter lauerte, und legte die Hand auf die Klinke. Seine Mutter gab ihm von hinten einen Schubs. Als er in der Tür stand,

warf ihm der Mann ein Weckergehäuse entgegen. Der Junge duckte sich auch nicht, als der Mann das Uhrwerk nachschmiß. Es schepperte in seinem Gesicht. Er lehnte sich zurück; seine Mutter hielt ihn fest. Er lag in ihren Armen. Dann spürte er im Gesicht die haarige Faust des Mannes.
»Man hat dich beobachtet«, sagte er, »wie du mit den Hurenweibern im Gehölz verschwunden bist. Umsonst latscht sich niemand die Hacken ab.«
»Mach uns doch nicht weis, daß dir das nicht gelegen kam«, sagte seine Mutter.
»Statt Arbeit zu finden«, sagte der Mann, »sucht sich der Kerl Weiber. In seinem Alter kannte ich kaum den Unterschied zwischen den Geschlechtern. Aber er braucht seine ganze Kraft dafür. Wie die Dinge stehen, scheint er zu faul zu sein, unsre Ratschläge zu befolgen. Stell dir nur vor, du hättest keinen, mich nicht, deine Mutter nicht, niemanden im Leben, der für dich sorgen und sich um dich Sorgen machen würde. Stell dir vor, wo du jetzt wärst. Also, was habt ihr getrieben?«
»Nichts«, sagte der Junge.
»Frauen kosten Geld. Du bist das Gegenteil von reich. Du mußt dir die Liebe sparen. Das Geld ist wichtiger.«
»Es war doch nichts«, sagte der Junge.
»Ich will wissen, was ihr angestellt habt. Du hast mir meine Frage zu beantworten. Also? Was war los? Lüg mich bloß nicht wieder an! Ich hab ein Anrecht drauf, zu erfahren, in welcher Gesellschaft du verkehrst.«
»Ich hab nichts gemacht.«
»Und die andern?«
»Die gehen dich nichts an.«
»Statt mir zu helfen, streitet ihr euch«, sagte seine Mutter. »Wenn ich nicht wär, hätt es schon längst Mord und Totschlag gegeben. Von den Weibsbildern, mit denen du im Wald warst, hat die Ältere einen umgebracht; das solltest du wissen. Man konnte es ihr nur nicht beweisen. Außerdem stammen sie von Zigeunern ab. Die sind verseucht und ver-

dorben. Hast du mir zugehört?«
»Er hört doch auf keinen«, sagte der Mann.
»In einer Baracke haust nur Gesocks«, schrie seine Mutter. »Nicht mal eine anständige Wohnung hat das Gesindel.«
»Und?« fragte der Junge. »Was ist das hier? Der gleiche Stall! Nur eben aus Steinen. Im Winter scheißen wir in Eimer, weil das Klo zufriert, wenn es regnet, steht die Jauche im Flur, und nachts kratzen die Ratten an den Türen. Da seid ihr stolz drauf!«
»Wenn es dir hier nicht gefällt«, sagte seine Mutter, »dann hau doch endlich ab. Wir halten dich nicht auf. Dauernd meckerst du und zankst dich als hätten wir an allem Schuld, was du verkehrt machst. Wir sind nicht drauf erpicht, dich zu gängeln. Aber hier, in diesen vier Wänden, wird sich wegen dir nichts ändern, und wenn du dich auf den Kopf stellst.«
»Diese Stadt ist nicht groß genug, um darin unterzutauchen«, sagte der Junge.
»Hör nur hin«, rief der Mann, »wie geschwollen der daherreden kann. Er tut grad so als hätte er einen Deppenhaufen vor sich, der Malefizer. Du hast einen lustigen Burschen zum Sohn.«
»Er lacht uns aus«, sagte seine Mutter.
Der Junge wußte nicht genau, ob er tatsächlich lächelte; er spürte nur, daß sich sein Gesicht verzogen hatte. Er betrachtete seine Hände, bewegte unschlüssig die Finger; dann bückte er sich und begann die Teile des Uhrwerks aufzusammeln. Der Mann riß ihn wieder hoch und drückte ihn auf einen Hocker. Als der Junge sich wehrte, packte ihn der Mann an den Schultern und schüttelte ihn.
»Jetzt red ich mal«, sagte er, »und du hörst zu. Ich bin vom Schicksal bestraft genug. Ich bin im Krieg gewesen, das hat mich entwurzelt, vom Schlachtfeld bin ich in die Trümmerstädte gekommen, kaputt ins Kaputte, es hat Rückschläge gehagelt noch und noch, aber allen Niederlagen zum Trotz bin ich immer vorwärtsgestürmt, manchmal auf allen Vieren,

das kann aber den nicht aufhalten, der sich ein Ziel gesetzt hat. Nimm dir ein Beispiel dran und paß dich gefälligst an. Aus Langeweile wollen wir nicht dein Bestes. Mit zunehmendem Alter muß sich der Mensch auf seine Kinder verlassen können. Mir tut nichts leid, wenn es nur hilft, dich auf die rechte Bahn zu bringen.«

Der Junge machte die Augen zu und sah sich in eisigschwarzem Hochwasser schwimmen. Seinen weißlichen Bauch hielt er dem Himmel entgegen; rings um ihn kenterten lichtersprühende Flöße, Zirkustiere paddelten mit Pfoten, Pranken und Tatzen um ihr Leben, die Gischt machte ihn fast blind. Das Paradies war gebrandschatzt, die Engel verschmorten und verkohlten zu fetter Asche. Adam und Eva posierten vor geilen Fotografen. Sie glichen Kati und Leopold vollkommen. Gott verendete inzwischen in einer Gartenlaube am Gnadenbrot.

»Warum sagst du nichts?« fragte der Mann.

»Warum hast du die Augen zu?« fragte seine Mutter.

Der Junge ertappte sich dabei, daß er plötzlich laut sagte: »Morgen geh ich zum Arbeitsamt.«

»Das möchten wir dir auch geraten haben«, sagte der Mann.

»Ich geh gleich früh hin.«

»Etwas anderes bleibt dir gar nicht übrig«, sagte seine Mutter.

»Ich werde der Erste sein.«

»Spät genug«, sagte der Mann.

Der Junge biß sich auf die Zunge und ging aus der Werkstatt. Im Fluß riß er den Mund weit auf und wünschte, die Zunge möge ihm abfallen, herausrutschen oder sich so im Kiefer verhaspeln, daß sie für immer stumm blieb.

20

Noch im Bett verwünschte er sein Zugeständnis. In seinem

Kopf ließ er die Schreie seiner Lieblingssänger auferstehen, das markige Gebrüll, das einem das Fleisch von den Knochen sprengte, das Blut in den Adern sieden ließ, das stärker als Musik wirkte, ein wildes Klagen war, das dem Schmerz die Ursache nahm, zwischen Verzückung und Entrückung schwankte. Wie oft hatte er mitgestammelt und mitgeschluchzt: They can't take away our Music oder Schout and Schimmy ...

Während er versuchte, wieder einzuschlafen, kam ihm sein Kopf wie ein komisches Stück Körper vor. Er fühlte sich den Launen der Natur ausgeliefert. Seine Gedanken waren leicht zu fangen, wenn er sie in Worte faßte. Was er sagte, brachte ihn meistens in Verlegenheit. Er wehrte sich nur mit dem, was er aufgeschnappt hatte. Die Begriffe verstopften sein Gehirn, mit der Zunge schaufelte er sie heraus, bis sie von selbst ins Rutschen kamen, und dann war es sinnlos, den Mund zu schließen.

Er wollte mit dem Kopf durch die Wände. Er wollte mit dem Kopf durch die Welt. Beides ging nicht. Er nahm sich vor, sich zu ändern, aber die anderen wollten ihn noch einmal anders haben. Was sie nicht konnten, sollte ihm gelingen. Was sie nicht taten, sollte er tun.

Zu viele Reste machen auch satt.

Gegen Morgen träumte er, er sei auf einem Jägerstand am Waldrand geklettert. Der Sitzbalken, auf dem er hockte, war moosig; unter ihm, auf einem ungepflügten Acker, sammelte seine Mutter Steine in einen Korb und leerte den vollen Korb in Säcke aus. Detlev Richter schnürte die Säcke zu und trug sie zu einem grasenden Ochsengespann. Während der Junge von oben herab zusah, fühlte er sich als Nebenbuhler. Nach der Arbeit lehnte Detlev Richter seine Mutter an das Fuhrwerk. Obwohl ihre Kraft vertan war, nahmen sie ihre Abgeschiedenheit wahr und trösteten sich mit einer schnellen Nummer. Dann knallte die Peitsche, die Räder knarrten, der erste Stern tauchte über dem Wald auf.

Vor lauter Zusehen hatte der Junge vergessen zu schießen.

21

Er fröstelte, als er erwachte. Er wünschte sich Krankheiten, Bettlägerigkeit, irgendetwas, das ihn verschonen würde, denn für Ausflüchte war es zu spät. Wieder bereute er sein Versprechen. Er fühlte sich als habe er sich freiwillig die Zugleine in den Nasenring gefädelt.
Als ihn seine Mutter weckte, war es ihm als hätte die schmale Lichtbahn, die durch den Türspalt auf sein Bett fiel, ein Gewicht. Mit einem Schlag war die Nacht vorbei. Er erinnerte sich kaum noch an Gestern. Er war es gewohnt, in Unterhose und Unterhemd zu schlafen, den Tag mit ins Bett zu nehmen; deshalb ging es ziemlich rasch mit dem Aufstehen und Anziehen.
»Stell dir vor«, hörte er seine Mutter sagen, »dein Vater ist im Steinbruch angestellt worden. Die sind von selbst zu ihm gekommen und haben ihm die Arbeit angeboten, weil sie nötig Leute brauchen. Und da ist er gleich mitgegangen; von heute auf morgen hat er anfangen dürfen. Na, ist das nichts?«
»Klar«, sagte der Junge.
Vorsichtig berührte er über dem Spülstein den eiskalten Wasserstrahl. Er verzichtete darauf, sich einzuseifen; er betupfte nur das Gesicht. Er fror gottsjämmerlich. Er wurde einfach nicht warm, auch dann nicht, als er vom Malzkaffee nippte, endlich einen dampfenden Schluck nahm, sich fast übergeben mußte und zur Not ins Margarinebrot biß.
Sie lebten immer von den gleichen Dingen. Was für andere Leute zu viel war, das fiel für sie ab. Eine Tüte mit Wurstresten aus dem Fleischerladen war ein Anlaß zum feiern. Oder sie gossen Bier und weißen Sprudel in einen glasierten Steingutkrug zusammen und schlürften den süßen Schaum, dessen Prickeln dem Geschmack die Fülle gab. Schlemmereien dieser Art fielen meistens auf das Wochenende, wenn das Radio dudelte und Detlev Richter nicht anwesend oder noch nüchtern war. Es war ein Essen, bei dem jeder Bissen anders

schmeckte; oft wirkte die Vielfalt der Wurstsorten sogar reizvoll. Man nahm sich ein Trumm und pulte die Wurst wie aus einem Ei.
»Wann öffnet das Arbeitsamt?« fragte seine Mutter.
Der Junge tat als würde er schlucken.
»Wann fährt dein Zug?«
Der Junge beeilte sich, die Tasse an die Lippen zu heben.
»Warum antwortest du nicht?«
»Hat er zufällig seine Zigaretten dagelassen?« fragte der Junge. »Ich möchte rauchen. Sonst halte ich nicht durch.
»Hast du sonst noch Wünsche?«
»Ich fühle mich wie ein Schleimscheißer. Ich weiß, ich tu euch einen Gefallen, aber mir nicht. Auch wenn ich Geld verdiene, geh ich leer aus. Ich verkaufe mich, damit ihr mich nicht umsonst ernährt. Ich darf gar nicht dran denken. Hauptsache, ihr seid zufrieden, nicht wahr?«
»Kind«, sagte seine Mutter, »sei nicht so ungerecht. Wir sind eben keine Millionäre. Die Arbeit bricht dir keinen Zacken aus der Krone. Schließlich muß der Mensch etwas machen, damit er leben kann.«
Nach einer Pause fuhr sie fort: »Aber ich wollte etwas anderes sagen. Ich muß dir etwas anvertrauen. Einmal merkst du es ja doch.«
»Schon wieder?« fragte der Junge.
Ihr Blick war mild und blieb es, trotz seiner Schroffheit. Er kaute an seinen Nägeln.
»Es ist soweit«, sagte seine Mutter und ihre Stimme fistelte ein bißchen, »nun muß es raus. Ich glaube, daß ich schwanger bin. Dabei bin ich schon in den Wechseljahren. Der Apotheker hat die Urinprobe gemacht. Den Doktor hab ich noch nicht gefragt, weil der mir bloß den Rest geben wird. Ich mußte es dir sagen, obwohl ich es selbst noch nicht fassen kann. An dem Kleinen werde ich mein Alter merken. Hoffentlich sagt es nicht Großmutter zu mir. Ich weiß, was du fragen willst. Dein Vater weiß nichts davon. Es ist nicht von ihm. Aber vielleicht ist alles bloß eine Täuschung. Es kann

auch eine Scheinschwangerschaft sein.«
Sie lächelte entschuldigend; der Junge starrte sie an. Er wünschte ihr, daß es nicht wahr sein möge, daß das Labor die Reagenzgläser verwechselt hatte.
»Wem hab ich diese Überraschung zu verdanken?« fragte er.
»Das werde ich niemandem sagen«, antwortete sie.
Er überlegte, wer der Vater sein konnte, aber es fiel ihm niemand ein. Während Detlev Richter im Gefängnis gewesen war, hatte sie keinen ihrer gelegentlichen Verehrer mit nach Hause gebracht. Zum Teil bewunderte er ihre Rücksichtslosigkeit; gleichzeitig machte sie ihn betroffen.
»Es wird schon werden«, sagte er, »nur keine Bange.«
»Du darfst mich nicht für leichtfertig halten, aber ich kann nicht ohne Mann leben, auch wenn immer alles an uns hängen bleibt«, sagte sie. »Machen wir einen Seitensprung, brechen wir uns das Genick. Ich hab mir ein Kind geholt. Dabei war das Ganze nur ein Strohfeuer.«
Dem Jungen fiel das Baby ein, das einmal drei Tage lang in einem Waschkorb auf Rädern in der Küche gestanden hatte. Es war lange her. »Das ist deine Schwester«, hatte seine Mutter gesagt und es nackt auf die Wachsdecke gelegt, wo es wimmerte und röchelte. Es war zu schwach zum Strampeln und schwitzte und fror erbärmlich, wenn der Schweiß trocknete. Es war Sommer gewesen; trotzdem hatte seine Mutter den Ofen geheizt. Er hatte auf den Tod gewartet, weil er spürte, daß keine Hoffnung auf Rettung bestand. Damals hatte er mit einer Bettfeder die Atemzüge des Babys gemessen. Jedesmal zitterten ihm die Hände dabei. Deshalb merkte er nichts, als es starb.
»Ich bin auf dem Gebiet nicht erfahren«, sagte der Junge, »aber es gibt doch sowas wie Abtreibungen.«
»Ich laß mich von keiner Stricknadel verhunzen«, sagte seine Mutter, »ich nicht. Nein, das ist mir das Ding nicht wert. Dann soll es schon lieber als Fehlgeburt auf die Welt kommen oder die Geburt nicht überleben.«

Auf dem Weg zum Bahnhof zerbröckelten seine Gedanken, sobald er an die Zukunft dachte. Es freute ihn, daß seine Mutter Detlev Richter gelinkt hatte, aber die Folgen waren voraussehbar. Der Mann, der sein Vater sein wollte, würde sich von diesem Schlag erholen und seinen Untertanen die Zuchtkandarre noch strammer anlegen. Er würde sich vornehmen, aus dem Kind mit aller Gewalt das Gegenteil von ihm zu pressen. Auch daraum tat es dem Jungen leid. Es würde die Schelten und Rügen hören, für die er langsam zu erwachsen wurde. Seine Mutter bekam ein Kind, und er, ihr Sohn, einen Bruder oder eine Schwester, und der Mann Detlev Richter war nicht der Vater. »Das ist der Punkt«, sagte der Junge laut als unterhalte er sich mit jemandem. Er hatte das Gefühl, sein Schädel drücke auf die Schenkel als sei nichts mehr dazwischen.

Der Bahnhof, ein kastenförmiges Gebäude, war lodengrün gestrichen und von Kohlestaub verrußt. Wie eine klotzige Festung lag er vor den bewaldeten Hügeln am Horizont. Hinter seiner Fassade ratterten die Züge. Weit weg von hier, dachte der Junge.

In der Schalterhalle waren die Wände bis zur Decke hinauf gefliest. Die Luft roch öde, nach abgestandenen Ausdünstungen, die sich bei Wartezeiten bilden und vor zuklappenden Türen flattern. Die farbigen Fahrpläne stachen grell aus der Eintönigkeit hervor.

Auf der Holzbank vor den Schließfächern lag ein Betrunkener. Er hatte gekotzt und sagte immer wieder: »Ich hab den Krebs.« Dabei fuchtelte er mit den Armen als wolle er seine Hände von sich schleudern. »Im Krankenhaus hat man mich in die Sterbekammer stellen wollen.« Die Umstehenden lächelten ratlos. Als der Mann Galle erbrach, ging jemand, der wie ein Bauer aussah, hinaus an die Sperre; kurz darauf kam er mit dem Aufsichtsbeamten zurück. Nach einem flüchtigen Blick auf den Betrunkenen ging der Aufsichtsbeamte zum Fahrkartenschalter und telefonierte mit der Bahnpolizei. Es dauerte nicht lange, bis der Junge einen Wagen vor dem Fenster halten sah. Die Scheiben waren vergittert. Zwei Männer in weißen Kitteln stiegen aus. »Er ist tatsächlich krank«, sagte einer. Dann führten sie den Schwankenden zum Auto.

Der Zug fuhr pünktlich ab. Das Abteil, in dem der Junge saß, roch nach verschmorten Bananenschalen; auf einem Heizungsgitter klapperte eine Bierdose, ein spaltbreit aufgekurbeltes Fenster vibrierte. Spärliches Grün, von grauen Laubwäldern überschattet, raste vorbei. Ab und zu sprang ein Dorf dazwischen, dessen Häuser dann wie an den Horizont geklebt wirkten. Der Wagen schaukelte hin und her. Der Junge hatte ein Gefühl als purzelten seine Gedanken im Schädel herum. Er summte eine Melodie in den Krach der Räder, bis Lärm und Takt miteinander harmonierten.

Der Zug rollte über eine Brücke in die Stadt. Im Kern ragten die Häuser wie Türme empor. Aus den Schornsteinen floß gelber Qualm in die Dachrinnen. In den Straßen herrschte reger Verkehr. Auf den Kreuzungen ruderten Polizisten wie in Blech Ertrinkende. Die Stadt war die Kreisstadt. Hier lagen alle Ämter, auch das Arbeitsamt. Der Zug fuhr langsamer. Stellwerke und Bahnhofsschilder zogen gemächlich vorbei; endlich hielten die Wagen mit einem Ruck an.

Auf dem Weg vom Bahnhof zum Arbeitsamt fiel der Junge plötzlich in Trab; nur mit Müh und Not erreichte er eine öffentliche Bedürfnisanstalt. Er hatte heftigen Durchfall. Hinterher tat ihm das Geld leid, das er hatte opfern müssen.

Das Arbeitsamt lag in einer Sackgasse und war ein mehrgeschossiges Gebäude, ein neuzeitlicher Tempel aus grauen Sandsteinquadern. Der erste Stock ruhte auf grobgeriffelten Betonstümpfen; darunter parkten die Wagen der Angestellten. Die bläulichen Filterscheiben an den Fensterfronten glichen einer Ansammlung riesiger Sonnenbrillengläser oder

den Facetten eines außerirdischen Insekts. Dem Jungen kam der Bau wie das Grabmal des Unbekannten Arbeitslosen vor; trist und plump ragte er über die Dächer der umliegenden Häuser.
Früher war der Junge einmal in Begleitung seiner Mutter hier gewesen, und zwar bei der Berufsberatungsstelle. Weil damals Anstreicher gefragt waren, war er Anstreicher geworden. Niemand hatte ihm etwas anderes vorgeschlagen oder seine Fähigkeiten geprüft. Was später als sein eigener Entschluß bezeichnet wurde, war in Wirklichkeit über seinen Kopf hinweg ausgehandelt worden.
Als er auf den Fußabstreifer vor der Tür trat, glitt sie geräuschlos auseinander. Der Teppichläufer dämpfte seine Schritte. Die Betriebsamkeit in den langen Gängen machte ihn kribbelig. Die Männer und Frauen, die mit Aktenordnern oder Frühstückstabletts durch die vielen Türen gingen, trugen strenge Kleidung. Sie unterschied sich deutlich von seinem Aufzug. Vor ihren Blicken senkte er die Augen.
Er ging zur »Stellenvermittlung für Jugendliche, männlich, ungelernt«. Da niemand auf der Bank im Flur saß und wartete, klopfte er gleich an die Tür und trat ein.
Er hatte es mit einer etwas mickrigen Dame zu tun, die gerade eine Zigarette rauchte. Während sie seine Aufmachung musterte, schüttelte sie mißbilligend den Kopf. Daraufhin knöpfte der Junge seine Lederjoppe auf und zeigte ihr das Ringelhemd, das seine Mutter bei jeder Wäsche einen elenden Fetzen nannte. Die Dame betrachtete seine Stiefel.
»Womit darf ich dienen?« fragte sie und sah ihn plötzlich so streng an, daß es ihm fast die Sprache verschlug.
»Ich such eine Arbeit«, sagte er; dabei kam er sich richtig dumm vor.
»Was haben Sie zuletzt getan?«
»Nichts.«
»Und früher?«
»Ich bin mal Anstreicher gewesen, aber nicht lang.«
»Warum sind Sie nicht bei diesem Beruf geblieben?«

»Ich hab das Stehen auf der Leiter nicht vertragen«, sagte der Junge, und es war ihm egal, ob ihm die Lüge geglaubt wurde oder nicht.
Die Dame stand auf und drehte an der Heizung. Während sie ihm den Rücken zuwandte, machte der Junge einen Schritt auf den Schreibtisch zu und steckte ihre Zigarettenschachtel ein. Etwas wie Schadenfreude erfüllte ihn. Als die Dame wieder auf ihrem Platz saß, begann sie in den Fächern ihrer Schublade zu wühlen. Dann klingelte das Telefon. Die Dame redete eine ganze Weile über etwas, was der Junge nicht verstand; ihr Tonfall erinnerte ihn aber an seinen früheren Meister.
Geh nur immer in die Kirche, weil es schädlich ist, sonntags im Bett zu bleiben und nachzudenken. Bei dem Leben, das du führen wirst, kannst du auf dein Gehirn getrost verzichten. Schlaf dich am Feierabend tüchtig aus, denn jeder Tag ist ein harter Tag in unserem Gewerbe. Du wirst gefordert, und ich weiß, warum. Du willst schließlich das werden, was ich schon bin. Mit einem richtigen Muskelkater vergehen dir die Gelüste auf süße Kätzchen ganz von selbst. Stoß nirgends mit den Leitern an, vor allem nicht an den Wolken. Du wirst noch begreifen, daß man niemals auslernt.
»Auf Händen werden Sie nirgends getragen«, sagte die Dame.
»Aber mit Füßen getreten immer«, sagte der Junge.
»Wollen Sie eine neue Lehre anfangen?«
»Nein«, sagte der Junge.
»Dann müssen Sie in die Fabrik.«
»Ist doch eh wurscht.«
»Dort werden Sie an einer Maschine angelernt.«
»Ist mir echt egal.«
»Das meinen Sie jetzt. Aber warten Sie ab.«
Der Junge stand da wie begossen; die geklauten Zigaretten in seiner Hosentasche wogen immer schwerer. Die Heizungsrippen knackten. Seine Erregung bescherte ihm einen ungesunden Schweiß in den Handtellern. Er zog seinen Gürtel

hoch, verschränkte die Arme und hüstelte, die Festigkeit seiner Stimme prüfend, bevor er sagte: »Ich hab nicht den ganzen Tag Zeit. Fertigen Sie mich endlich ab, ich möchte gehen.«

Die Dame lächelte versonnen; ihre Lippen waren blau wie Schlehen.

»Mit der Lücke in Ihren Papieren«, sagte sie, »müssen Sie schon einen Betrieb erwischen, der auf einen vollständigen Beschäftigungsnachweis wenig oder gar keinen Wert legt. Es gibt nicht viele solcher Firmen, und wenn, dann nur in bestimmten Branchen. Darauf müssen Sie gefaßt sein.«

»Bin ich«, sagte der Junge.

»Naja«, sagte die Dame, fragte nach Geburtstag und Wohnort und füllte mit schneller Schrift eine Stellenvermittlungskarte aus. Der Junge nahm sie an sich und studierte sie.

»Wissen Sie, wo die Fabrik liegt?« fragte die Dame.

»Ich find mich schon durch«, antwortete er.

»Hoffentlich haben Sie Glück«, sagte die Dame.

Der Junge grinste traurig. Er fühlte sich nicht zu Dank verpflichtet. Als er zum Abschied kurz nickte, kam er sich wie ein müder Schauspieler vor.

23

Junge, dachte er draußen auf dem Gang, Leute wie dich gibt es einfach zu häufig. Die Welt ist voll davon. Man muß uns in Schablonen pressen. Da hast du nun einen Wisch, der dein zukünftiges Schicksal bestimmt, einen Papierfetzen, der dir den Eintritt in die Tretmühle erlaubt. Manchmal wäre es gesünder, man wäre schon gestorben. Arbeit ist eine Erfindung von Leuten, die sich auf unsere Kosten bereichern wollen. Wir sind verstümmelt und lassen uns von der Angst vor neuen Qualen fertigmachen. Wir sind so klug, daß wir nicht mehr ahnen, was Dummheit ist. Auf Steinen wächst eben

nichts. Es ist schlimm, wenn die Verlierer nicht merken, daß sie besiegt sind. Hier wirst du immer auf der Stelle treten. Da schwimmen Schiffe, fliegen Flugzeuge, rollen Züge und Autos, und du kannst nicht hinterher. Dabei möchtest du nur irgendwohin und niemals wieder zurück.
Wärst du ein paar Jahre jünger, würdest du jetzt heulen. Ein trockenes Gesicht ist ein Zeichen von Alter und Reife. Geh nur in die Fabrik, geh nur, verstell dich. Geh zu, lerne die Tage nicht zu beachten und die Nächte mit zigeunerhaften Gedanken verschönern. Ich komme, Leute! Und meine Angst ist eine Warnung, mit meinen Bitten werde ich drohen, meine Wünsche sollen euch betroffen machen.
Er bog in einen Gang ein, der blind endete, und lehnte sich an eine Wand aus Milchglasquadern. Dort rauchte er, bis ihm der Magen stach. Seine Finger zitterten. Die Glut stampfte er mit dem Absatz in den Teppich. Die Schändung gefiel ihm. Dann verließ er das Gebäude.
In einer Imbißstube kaufte er eine Dose Bier, die er auf einen Zug leerte. Er hatte zu wenig Geld, um sich das billigste Gericht auf der Speisekarte bestellen zu können. Durch einen Gardinenspalt beobachtete der Junge eine beleibte Oma, die einen Hund zum Rinnstein schleifte. Der Köter war uralt und konnte vor Schwäche kaum humpeln. Mit der Leinenschlaufe drosch die Frau auf das Tier ein. Endlich brunzte der Hund einen dünnen Strahl; die Besitzerin glotzte angewidert zur Seite.
Wieder auf der Straße, auf dem Weg zur Fabrik, fiel dem Jungen das Bild ein, das Zuhause – in seinem Kopf klang es plötzlich so fremdländisch als sei es ein Wort aus einer anderen Sprache – über dem Kopfende seines Bettes hing. Es zeigte Jesus Christus als Schäfer zwischen Lämmern. Nirgends war die Weide beschissen. Jesus Christus schien auf einem Findling angewachsen zu sein; seine Sandalen sahen bemoost aus. Mit seinen seidigen Haaren und dem zierlichen Bart wirkte er als sei er eben einem Vollbad mit Fliederseife entstiegen.

Der Junge wunderte sich noch über seine Einfälle, als er vor der Fabrik stand. Schornsteine, die wie Säulen aufragten, schienen die vergifteten Wolken zu stützen. Der Himmel sah besudelt aus. Der Junge überflog noch einmal seine Karte und wünschte sich eine Täuschung. Aber alles hatte seine Richtigkeit. Er war da.

Das Werksgelände bestand aus niedrigen Hallen mit Wellblechdächern. Mächtige Tore riegelten es gegen die Außenwelt ab. Eine Backsteinmauer, auf der Scherben steckten, umzog das Geviert. Dahinter trennten Drahtzäune die Betonstraßen von Rasenflächen. Das Verwaltungsgebäude glich einem winzigen Wolkenkratzer.

Im Pförtnerkabuff las ein Invalide Zeitung. Der Junge pochte an die Scheibe und reichte seine Karte durch eine Klappe. Der Pförtner sah sie gar nicht an; er deutete zum Büroturm und sagte: »Unten in der Halle melden.«

Und ein Zwerg schlich zu den Riesen.

Der Junge durfte sich in einen Sessel setzen und fast eine Stunde warten. Dann empfing man ihn mit glatten Redensarten, bekundete Interesse an seiner Mitarbeit, belehrte ihn über den Stundenlohn und über Vorschriften, die er genau wie jeder andere auch zu befolgen habe. Unter anderem sei politische Betätigung im Betrieb nicht nur in den Pausen verboten, Zuwiderhandlungen würden mit fristloser Entlassung geahndet; gegen den Genuß alkoholischer Getränke habe man aber nichts einzuwenden. Der Junge nickte zu allem wie ein Bettler, der Almosen empfängt. Dann konnte er sich eingestellt verabschieden. Der Händedruck, den er tauschen mußte, war ihm lästig.

»Farben & Lacke« stand draußen auf einem Schild am Tor. Er las es sich ins Bewußtsein. Erst jetzt fiel ihm die bunte Schrift auf.

24

Auf der Heimfahrt zählte er die Stunden, die ihm blieben. Er wünschte dem Zug eine wochenlange Verspätung. Hilfsarbeiter Krauter, sagte er, das ist Ihr neuer Titel. Von nun an haben Sie jedem zu gehorchen, sogar den Lehrlingen, die jünger sind als Sie. Sie hören ab sofort auf jedes Kommando. Räumen Sie Ihren Schädel aus und vergessen Sie Ihre Meinung. Sie müssen sich bewähren. Hier sind Sie das kleine Rädchen, mit dem der Laden eine Spur schneller läuft. Der Chef ist kein Menschenfresser, aber auch kein Kostverächter. Wir schätzen Opfermut, Überstundenwilligkeit, Tariflöhne, und wer krank feiert oder blau macht, der beweist uns seine Leistungsschwäche und fliegt in hohem Bogen. Jetzt wissen Sie Bescheid.

Der Bahnhof schob sich von beiden Seiten heran und keilte den Zug zwischen die Bahnsteige. Vor einem Getränkeautomaten kramten Reisende nach Kleingeld. Im Tunnel unter den Geleisen gab es eine Gedenktafel zu besichtigen, die in einer Nische befestigt war.

Am 23. 2. 1945 starben
in dieser
Bahnsteig-
unterführung
durch einen
furchtbaren
Bombenangriff
300 Durchreisende
Soldaten
Zivilpersonen
und Eisenbahner
Hass Liebe
Krieg Frieden
Tod Leben
Memento Mori

Der Junge erinnerte sich, daß er als Kind in allen Ruinen verschüttete Gerippe, von Gesteinschutt zerschmetterte Ge-

beine vermutet hatte. Plötzlich war ihm als müsse er morgen in den Krieg ziehen, in die Stellungen der Arbeitsfront.
Zu Hause saß Detlev Richter in der Küche und vesperte. Er hatte eine blutrote Pressackscheibe dick mit Senf bestrichen. Seine Augen tränten. Der Senf ätzte das kalte Speckfett von den Lippen. Der Mann schmatzte hemmungslos; dazu trank er Bier aus der Flasche. Nach jedem gluckernden Schluck leckte er die Tropfen vom Verschluß. Steinstaub hing noch in seinem Haarkranz. Auf dem Herd kochte Wasser im Waschkessel und hüllte den Raum in Dampfschwaden. Es war schwül wie in der Sauna. Die Knöchel des Mannes waren von Rissen übersät, eine seiner Fingerkuppen leuchtete gequetscht. Er schichtete sich die Brocken auf die Zunge und atmete durch die Nase.
Als sein Stumpen zog, sagte er beiläufig: »Na?«
»Morgen«, sagte der Junge.
»Da wird sich deine Mutter aber freuen.«
»Ist sie weg?«
»Wir haben ein saumäßiges Glück. Bei uns geht es Schlag auf Schlag. Ich bin zur Arbeit gegangen, als du noch geschlafen hast, und kaum komm ich heim, da hat sie schon einen Putzplatz angenommen. Ganz auf die Schnelle. Im Haushalt von einem Zahnarzt als Reinemachefrau. Und du hast es auch hingedeichselt. Bald geht es uns besser.«
»Läßt du dann die Uhren sein?«
»Wieso?« fragte der Mann. »Wir wollen nächsten Sommer zelten. Ich möchte ein Motorrad mit Beiwagen anschaffen. Wie ich mich freu, kannst du dir nicht vorstellen. Du wirst ja auch dein Scherflein beitragen. Bei wem fängst du an?«
»Farben & Lacke«, sagte der Junge. »Ich werde als Walzer an einer Maschine angelernt. Der Lohn für Jugendliche ist zwar niedrig, dafür bekommt jeder täglich kostenlos einen Liter Milch. Ob sie gegen das Giftzeug hilft, das ist Betriebsgeheimnis.«
»Das hab ich schon gefressen, wenn einer meckert, bevor er überhaupt angefangen hat, was zu tun«, sagte der Mann.

»Mir wurde auch nichts geschenkt, und ich hab auch nicht gemault.«
»Das könntest du gar nicht«, sagte der Junge. »Es ist ein Unterschied, ob man die Bonzen wegen ihres Vermögens beneidet oder ihre Macht haßt.«
»Tu nur nicht so intelligent«, sagte der Mann, »und wart ab, bis du arbeitest. Dann hat der Verstand ausgeschissen. Immer wollt ihr alles besser wissen. Die Alten sollen schweigen, nicht wahr? Könnte euch passen. So gescheit wie ihr sind wir schon lange.«
Er legte Holzbrett und Besteck in den Ausguß. Wortlos ließ er kaltes Leitungswasser in den Waschkessel rauschen. Dann zog er das Hemd über den Kopf und wusch mit seifigen Händen den Schweiß vom Oberleib. Der Junge musterte den abgearbeiteten Rücken, den knochigen Höcker zwischen den Schulterblättern, die Fleischlappen, die über den Hosengürtel quollen. Nichts rührte sich unter der Haut. An diesem Rükken hatten Rucksack und Gewehr gehangen, manchmal vielleicht Frauen; diese Schultern hatten sich an Gitterstäben gescheuert, heute sogar an Granitbrocken. Dieser Arsch, von dem das Steißbein-V zu erkennen war, hatte überall gesessen.
»Weißt du«, sagte der Mann, »ich hab nichts gegen Reiche. Auch ich möchte mehr Geld haben und weniger arbeiten. Mit einem Lottotreffer würde ich mich selbständig machen, ein kleines Geschäft gründen, Schmuck verkaufen, weil man da einen Wert im Haus hat, und du müßtest mir das Ladenschild malen. Inhaber: Detlev Richter.«
»Du spinnst ja«, sagte der Junge. »Du wirst immer springen müssen, wenn jemand pfeift. Aufsteiger haben eine andere Vergangenheit. Ich jedenfalls arbeite nicht für euren Fernsehapparat oder irgendeine Polstergarnitur.«
»Sondern?«
»Höchstens dafür, daß ich nicht mehr jeden lumpigen Pfennig schnorren muß. Ich werde nicht sparen. Das Pulver muß rauchen. Wenn ich einmal alt bin, möchte ich gelebt haben.«

Die Glocke schrillte im Flur. Der Mann ging öffnen. Als er zurück war, sagte er: »Dauernd soll man spenden.« Er legte ein Gänseblümchen aus Plastik auf den Tisch. »Als würden ein paar Groschen das Elend lindern«, fügte er hinzu. »Du könntest mal Holz holen.«
Der Junge holte Holz vom Speicher und Kohlen aus dem Keller. Der Mann schürte den Ofen in der Werkstatt an und verbat sich dann jede Störung. Seine Mutter kam spät. Der Junge wiederholte, was er schon dem Mann erzählt hatte. Da er dauernd von der Arbeit sprechen und an die Arbeit denken mußte, fühlte er sich fast, als ob er schon gearbeitet hätte. »Schön«, sagte seine Mutter und schien zufrieden. Während sie auskehrte und aufwischte, beschrieb sie ausführlich die pflegeleichte Einrichtung, mit der die Praxis des Zahnarztes ausgestattet war. Sie war selig, Lob spenden zu können. Dann kochte sie eine Suppe aus Zwiebeln, und der Mann aß noch einmal mit. Beide beratschlagten, was ein dreifacher Broterwerb an ungeahnten Vorteilen einbringen könnte. Sie saßen da wie in einem verwunschenen Schloß.
Der Junge kam sich wie ein schlechter Zauberer vor. Nur weil die ganze Familie Arbeit hatte, hoben die beiden ihn mit der Welt aus den Angeln.
Er ging als erster schlafen.

25.

Sein Bett war ein Märchen. Er hielt sich wach, denn nach dem Schlaf würde gleich der Morgen beginnen. Er stemmte sich gegen die Finsternis, weil er Angst vor dem Erwachen hatte. Immer wieder schreckte er auf. Er wollte nicht überrascht, nicht im Traum überrumpelt werden und wie ein Blinder nach den kalten Kleidern tasten.
Er litt an der Freude seiner Mutter. Er haßte sich, weil sie ihn plötzlich für einen braven Jungen hielt. Die Zeit, in der

sie sich Märchen erzählt hatten, war noch nicht vorbei.
Er war auf der Flucht und wollte eigentlich nur sich selbst entkommen. Engte man ihn ein, raste er im Kreis. In den Zwangspausen holte ihn die Erschöpfung ein.
Durch seine Träume trampten Ausgeflippte nach Indien. In den Straßengräben sangen sie von einer Freiheit, die sie nur dem Namen nach kannten. Sie hatten das Leben im Wohlstand nicht länger ertragen. Die Wasserpfeifen gaben ihnen den Rest. Sie kippten aus der Wirklichkeit und dankten Gott für seine Güte und das Ungeziefer, das sich in ihren Haaren und Kleidern vermehrte.
Als ihn seine Mutter weckte, erwachte er in einem Abgrund. Sie hatte das Licht angeknipst; trotzdem nahm er sie kaum wahr. Er fühlte sich ausgetrocknet und erinnerte sich daran, unruhig geschlafen zu haben. Seine Haare standen in alle Richtungen. Blinzelnd hustete er sich die Kehle sauber.
Seine Mutter fragte mit belegter Stimme: »Hast du den Wecker nicht gehört?«
»Du würdest natürlich gleich am ersten Tag verschlafen«, sagte der Mann. »Los, raus mit dir!«
Es war bei ihnen nicht üblich, sich morgens zu waschen. Man rieb sich die Augen mit ein paar Tropfen Wasser blank, spülte den Rachen mit Pfefferminztee, kaute einige Bissen Marmeladebrot, wobei die Fruchtkörner in den Zahnspalten hängenblieben. Man setzte sich dabei kaum an den Tisch. Es war eine zermürbende Zeremonie. Alle liefen sich über den Weg, während sie ihr Zeug zusammentrugen. Die Frau schmierte einen Stapel Brotschnitten, der Mann hatte sich im Klo eingeriegelt. Sie leisteten sich keine überflüssige Bewegung. Dem Jungen kamen sie wie aufgezogen vor, auf Wortkargheit gedrillt. Er trödelte herum, war es nicht gewöhnt, sich todmüd herzurichten. Seine Mutter und Detlev Richter hatten Routine. Sie fragten sich längst nicht mehr nach dem Sinn oder Zweck ihrer Verrichtungen. Sie taten einfach, was sie schon immer gemacht hatten. Bald fühlte sich der Junge als Störenfried. Pergamentpapier raschelte, Stullen wurden

in Aktentaschen gesteckt, denen ein übler Kunstledergeruch entströmte. In seine Tasche stopfte seine Mutter noch eine alte Hose und ein Hemd dazu. Der Reißverschluß klemmte. Volksmusik spielte im Radio; dazwischen kamen Zeitansagen.

Detlev Richter brach als erster auf. Ehe er ging, sagte er noch: »Versäum den Zug nicht.« Mit ein paar Schritten war er verschwunden.

»Wie kommt er in den Steinbruch?« fragte der Junge.

»Ein Bus holt ihn ab und bringt ihn zurück«, antwortete seine Mutter.

Der Junge wischte über die beschlagene Fensterscheibe. Jetzt sah er die Dunkelheit noch deutlicher.

»Du mußt gehen«, sagte seine Mutter. »Sei fleißig. Und höflich.«

»Ich versprech dir, daß ich knickse«, antwortete der Junge.

»Wie du wieder angezogen bist. So geht kein Mensch zur Arbeit.«

»Freilich, einer schon, nämlich ich«, sagte der Junge.

»Ich hab ganz drauf vergessen, dir Geld für die Fahrkarte mitzugeben. Hast du es absichtlich nicht verlangt?«

»Du siehst schon wieder Gespenster«, antwortete der Junge.

»Bei dir weiß man nie.«

»Nörgel doch nicht dauernd«, sagte der Junge. »Laß mir halt gleich hinterherspionieren, sonst glaubst du mir heut Abend nicht, daß ich in der Scheißfabrik gewesen bin.«

»Mach daß du fortkommst!« sagte seine Mutter.

»Hast du ihm was von dem Kind gesagt?« fragte der Junge.

Seine Mutter raffte Unterrock, Nachthemd und Morgenmantel vor der Brust zusammen und fixierte ihn so streng als hätte er sich ungehörig benommen.

»Das ist später noch früh genug«, sagte sie und gab ihm die Aktentasche.

Der Junge faßte mit Fingerspitzen danach. Die eintägige Schlacht lag vor ihm. Er hatte seine Ausrüstung erhalten. Gern hätte er noch den nabelgekrönten Hügel, den Kummer seiner Mutter, tröstend getätschelt; Ungewißheit war die Hauptsorge.

»Tschüß«, sagte er.

Hinter seinem Rücken begannen ihre Selbstgespräche. Sie erfand Ausreden, die Detlev Richter glauben sollte; sie übte sich in der Verniedlichung des Unheils. Sie konnte kein Geheimnis ertragen.

Schon auf der Schwelle fröstelte der Junge. Nicht nur der Kälte wegen ging er mit weitausgreifenden Schritten. Schattenhafte Gestalten wie er strebten dem Bahnhof zu. Erst dort, im Licht, hatten sie plötzlich ein Gesicht. Am Kiosk herrschte Gedränge. Jeder trat mit einer Zeitung beiseite. Die Verkäuferin wirkte ausgemergelt. Der Junge kaufte sich Zigaretten, ehe er sich am Schalter eine Karte löste. Dann tauchte er in den Strom der Pendler. Die Luft roch nach verlorenem Schlaf.

Im Zug fand er keinen Sitzplatz. Er rauchte und ließ sich schaukeln. Manchmal sah er Lampen vorbeizischen. Die ganze Zeit über hatte er das Gefühl, der Zug brause durch einen Tunnel. Endlich dröhnte die Brücke zur Stadt unter den Rädern; das Geländer schrammte fast die Scheiben entlang. Immer mehr Leute traten aus den Abteilen zu ihm auf den Gang. Er nahm sie als schwammige Masken wahr. Die meisten waren noch im Tran, schauten gläsern, hatten nichts auszugeben, dafür bald um so mehr einzustecken. Ihre Träume und Ängste hingen an ihnen wie Kletten.

Während der Zug ausrollte, stieß der Junge die Tür auf, stieg auf das Trittbrett und sprang ab. Seine Tasche schlidderte über den Kies des Bahnsteigs. Hinter ihm schimpften die Leute über seinen Leichtsinn. Auf dem Weg zum Ausgang kam er sich wie bei einem Marsch in die Gefangenschaft vor. Er verstand die Leute nicht, die neben ihm liefen, scherzten oder vom fernen Abend sprachen. Manche Paare gingen eingehakt, teilten sich ihr Los. Draußen auf der Straße wirkte alles verunstaltet, die Häuser, Menschen, Bäume, Autos. Der Junge schwitzte. Er trabte wie ein artiger Gaul und verfiel

ab und zu in Galopp, denn er mußte sich beeilen, hatte weit zu laufen und nur wenig Zeit. Ein frostiger Wind zerrupfte den Nebel. Der Mond ging unter.
Das Fabrikgelände schob Helligkeit auf ihn zu. Die verglasten Scharten in den Hallenwänden glichen eckigen Lampions. Der Wind war zu schwach, um ihn davonzuheben, darüber hinweg. Es war zu spät für eine Verlegenheitsrunde. Sein Speichel war wie Schlamm, der im Hals klumpte. Der Junge schluckte. Er haßte die Füße, die ihn dem Fabriktor immer näher brachten.

26

Vor der Pförtnerloge gab er sich einen Ruck und sagte »Guten Morgen«. Der Pförtner legte die Zeitung beiseite. Er führte ihn zu den Umkleideräumen; dort wies er auf einen schmalen Spind. Zwischen den Spinden roch es stockig und nach Unterwäsche. Der Junge zog sich um, kämmte sich vor einem fleckigen Spiegel die Haare nach hinten. »Heut ist kein Schönheitswettbewerb«, brummte der Pförtner. Der Junge freute sich, daß sich der Pförtner ärgerte.
Er sah an sich herab. Was er am Leib trug, waren Lumpen. Die Hose war zu eng, das Hemd zu weit. Er fühlte sich entstellt. Diese Kleidung war eine Zurechtweisung; man sah daran, was er war und wohin er gehörte. Er bildete sich ein, in ihr etwas abzubüßen. Sie veränderte seine Empfindungen; er fühlte sich in einer Zwangsjacke und hilflos.
Dann schleuste ihn der Pförtner durch lange Gänge. Hinter den Wänden war Lärm: saugende, spuckende Geräusche. »Die Nachtschicht macht Überstunden«, sagte der Pförtner. Hinter einem schwarzen Gummivorhang, der steif wippte und harte Wellen warf, als ihn der Pförtner durchstieß, waren sie am Ziel. Eine Halle stülpte sich wie eine Kapuze über den Jungen. Maschinen standen aufgereiht, tote Unge-

tüme, an denen Männer lehnten. Es stank bitter nach Chemiedämpfen. Der Junge schluckte sein Würgen. Die Männer an den Maschinen betrachteten ihn wie eine immer wiederkehrende Abwechslung. Manche hatten Schürzen umgebunden. Plötzlich, wie auf geheimen Befehl, streiften sie sich Plastikhandschuhe über. Dann schepperte ein verstecktes Läutwerk. Die Männer drückten auf Knöpfe, die Maschinen liefen an. Der Lärm brandete gegen die Trommelfelle. Im Schädel des Jungen begann es zu singen. Seine Haut war pelzig. In dem Lärm stellte ihn der Pförtner dem Meister vor, sie gaben sich flüchtig die Hand; daraufhin wandte sich der Meister ab und brüllte, indem er die Hände zu einem Schalltrichter formte: »Das ist der Neue. Er heißt Ernst.«
Wenig später stand der Junge schon an seiner Maschine. Schreiend erklärte ihm der Meister die Bedienung. Die Handgriffe waren einfach. Aus einem Eisenkübel auf Rädern mußte der Junge mit einer Kelle zähe Paste stechen und in einen Trichter füllen, unter dem sich Walzen in rasender Geschwindigkeit drehten. Mittels einiger Hebel konnte er den Druck steigern und das Tempo beschleunigen. Die Walzen rieben die Paste zu feinem Brei; an einem Auffangblech mit scharfem Messerrand wurde er abgestreift. Synthetische Fäden wirbelten wie Spinnennetze auf und flatterten träge durch die Luft. Wo sie auf die Kleider niederschwebten, machten sie das Gewebe ledern. Bald sah der Junge aus wie eine bunte Sau. Der Kunstharzbrodem vergällte ihm den Geschmack und erzeugte Schwindelanfälle. An den Maschinen nebenan wurden die ersten Bierflaschen geköpft.
In einer Verschnaufpause fragte der Junge nach der Kantine, nach den Aborten, nach der Anzahl der Abteilungen und deren Leiter; er erfuhr, wo man Zigaretten rauchen konnte, welches Weib am geilsten sei, daß die Duschen verstopft waren und wer sich die Silberne Pedale mit dem Goldenen Lenker verdient hätte. Seine Lage verbesserte sich dadurch nicht. Er war da. Die Erinnerung meldete sich mit Fluchtplänen; er wußte aber nicht einmal, auf welchem Weg er aus

der Halle wieder herausfinden könnte. Also verdrängte er seine Vorstellungen und arbeitete, sah seine Tätigkeit als einen Kampf an, den es einfach zu bestehen galt. Er durfte nicht denken, sonst war er verloren.

Zu lernen gab es nicht viel. Die Beschäftigung forderte ihn nur körperlich. Bald spürte er alle Knochen. Er liebte seinen Schweiß, weil er natürlich roch. Ein Ersatzteil namens Krauter, so nannte er sich. Man maß ihn an seiner Muskelstärke. Er fühlte sich als sei er an einen Apparat angeschlossen, der ihm die Kraft abzapfte wie Strom. Das Jaulen der Walzen kappte seine Nervenstränge, schnitt ihm durch Mark und Bein. Der Schmerz war dauernd gleich.

Nach ein oder zwei Stunden ging er zum Meister, der sein schalldichtes Büro selten verließ. Mit großem Behagen atmete der Junge das Duftspray ein, das der Meister gerade versprühte.

»Folgendes, Chef«, sagte der Junge. »Ich hab mein Geld vergessen, und drum möchte ich Sie fragen, ob Sie mir bis morgen etwas leihen können.«

»Wo gibts denn sowas!« antwortete der Meister. »Weiß der Kerl doch tatsächlich nicht, daß morgen Feiertag ist. Wir haben eben den richtigen Glauben, deshalb will ich mal nicht so sein. Aller Anfang ist schwer. Hier hast du einen Schein. Aber auf Ehrenwort!«

»Ich schwöre«, sagte der Junge und bedankte sich betont überschwenglich. Als er aus dem Büro ging, dachte er, lügen lohnt sich.

Während der Brotzeit übernahm einer der Arbeiter die Bewachung der Maschinen. Er wetzte hin und her. Die Gastarbeiter blieben in der Halle; sie rückten auf einer Bank zusammen, unter der Dosen mit vertrockneter Farbe standen. Sie packten hartgekochte Eier aus, aßen weißes Brot, hielten sich an Wein, der mild und klar in den Flaschen schwappte. Der Junge folgte der Schlange der anderen, die über den gepflasterten Hof eilten, Speditionslastern auswichen, einem Altbau zustrebten, dort eine Holzstiege hin-

auftrappelten und durch eine Tür drängten, deren Holz schrundig war. Eine Wucht Mief schlug ihm entgegen. Die Luft schien hier zu verwesen. Die Tische waren voller Brösel und Spritzer; an den Tischen hatte sich eine trübe Gesellschaft versammelt. Noch nie zuvor hatte der Junge so viele Krüppel auf einem Haufen gesehen. Bleich wie Tote schabten sie mit ihren Löffeln in Warmhaltegeschirren oder kratzten Schmalz auf Brot. Der Junge dachte, das hier ist die Verwertungsstelle, hier wird der Abfall ausgeschlachtet, hier wird Reichtum noch aus verkrüppelten Gliedern geschunden. Alle soffen wie verrückt.
Zu seinem Nebenmann, der ungefähr in seinem Alter war, sagte er: »Soll das der Frühstücksraum sein?«
»Für die paar Pausen reicht er allemal«, antwortete der Angesprochene. Er schüttelte seine knöchellange Schürze und fuhr fort: »Für Schmutzfinken gibt es eben keine Polstersessel.« Dann wurde er gesprächig. »Man stumpft ab«, sagte er. »Wer an der Waage steht, muß den ganzen Dreck schlukken, wenn er Harze und Pigmentpulver aus den Säcken schaufelt und mit dem Mischer verrührt. Den sieht man wirklich den ganzen Tag nicht, so eingewölkt steht er da. Und wer Verdünnungsmittel aus den Fässern in Kanister pumpt, dem werden mit der Zeit die Knochen mürbe, weil Blei in dem Saft ist. Dafür verdienen wir mehr als unser täglich Brot. Man kann das ein paar Jahre machen. Dann sieht man sich wieder nach einer sauberen Arbeit um. So schnell stirbt keiner von dem bißchen Giftzeug.«
Der Junge antwortete nicht. Bis zum Frühling, schwor er sich, dann ist Sense, dann schneid ich die Angst raus aus mir, dann scheiß ich auf den Laden. Ich laß mich doch nicht verblöden. Wenn ich jetzt schon kündige, nimmt mich niemand mehr in diesem Jahr. Den Winter halte ich noch durch.
Dann schrillte die Glocke. Die Eifrigsten sprangen sofort auf und schoben sich drängelnd die Treppe hinab als fürchteten sie, das Haus könne in die Luft fliegen. Der Junge schloß sich denen an, die gemächlicher taten, ihre Kippen bis an die

Filter rauchten, keinen Tropfen in den Flaschen ließen, sich noch einen Witz erzählten und betont langsam die Stufen hinabschlenderten. Vom Hof aus konnte er einen Blick auf die Straße werfen.

27

Bis zur Mittagspause waren es noch drei Stunden. In seinem Magen gärte das Bier. Er mußte seine Maschine auseinanderbauen und die einzelnen Teile mit Lauge beizen. Der Meister hatte ihm eine Schutzbrille in die Hand gedrückt; während der Junge am Waschtrog die aufgeweichte Farbkruste abschrubbte, beschlugen die Gläser. Hinter seinen Augen platzten grelle Punkte. Er war nahe daran, sich zu übergeben; der ätzende Gestank ratschte wie ein schartiger Knochen in der Speiseröhre. Für einen Augenblick sah er sich in der Brühe liegen, versunken und eingefallen, dann wieder aufgeschwemmt an der Oberfläche treibend. Die Säure hatte ihm die Poren gesprengt, sein Blut zernagt. Man stocherte mit Fleischerhaken in ihm, bis er nur noch aus bröckelnden Fetzen bestand.
Dann setzte er die Maschine wieder zusammen – fachgerecht, wie der Meister sagte. Das Lob beschämte ihn. Die Maschine lief wieder und verstrahlte eine Hitze, die durch die Haut sickerte. Der Durst war nicht mehr zu löschen. Die Lungen stachen; auch Husten brachte keine Linderung. Wenn er eine Gelegenheit fand, stellte sich der Junge unter die Lüftungsklappe. Draußen lag ein Park. Hunde kläfften, hetzten über die buschumkränzten Rasenflächen, rochen an den naßkalten Sträuchern oder jagten Spatzen, die im Gras hüpften. Immer wieder vergaß er, wo er sich überhaupt befand. Dann erschrak er und prüfte verstört Walzendruck und Drehgeschwindigkeit. Es fiel ihm auf, daß Arbeit einsam macht.
Einmal lief ein Mädchen durch die Halle. Die Männer an

den Maschinen johlten und pfiffen hinter ihr her als wollten sie es gleich auf der Stelle umlegen und nacheinander besteigen. Das Mädchen schien auf alle Anzüglichkeiten stolz. Der Junge schwoll an; er konnte fast keinen Schritt mehr gehen.
Kurz vor Mittag haute es die Sicherungen durch. Mit einem Schlag standen die Maschinen still; die jähe Ruhe war ohrenbetäubend. Überall floß Farbe auf den Boden. Die Männer standen um die Pfützen herum, fluchten und wollten am liebsten heim. Als alles aufgeputzt war, kam der Meister vorbei und verlangte die Arbeitspapiere. Der Junge vertröstete ihn; er wollte ihm die leeren Blätter noch eine Zeitlang ersparen. Ab und zu erschien ein Weißer aus dem Labor und nahm eine Lackprobe zum Testen mit. Gerade als der Junge anfing, die Sekunden zu zählen, blieb der Meister wieder bei ihm stehen.
»Wenn Sie selbständig arbeiten«, sagte er, »und das können Sie bei Ihrem Geschick sehr bald, dann werden Sie von mir der Nachtschicht zugeteilt. Das bringt Zulagen.«
»Danke«, sagte der Junge.
In der Mittagspause holte er sich wie alle anderen seine Tüte Milch, die in einem Kasten vor dem Büro des Meisters stand, und setzte sich auf die Bank der Gastarbeiter. Dort goß er die Milch in sich hinein, bis ihm schlecht wurde. Er rannte zum Klo und kotzte. Danach fühlte er sich fast beschwingt. Dann kurierte er sich mit Bier. Einer der Gastarbeiter holte aus einem Versteck unter der Bank eine Flasche mit öligem Schnaps; dankbar griff der Junge zu und schüttete sich einen Schwall in den Hals. Im gleichen Augenblick schwammen seine Augen auch schon in Tränen. Eine scharfe Hitze waberte durch den Körper; seine Stimme rauchte, als er mit Müh und Not einen Hustenanfall bezwang.
»Gut«, sagte er nach einer Pause.
»Türkisch«, sagten auf der Bank alle auf einmal.
»Prima«, sagte der Junge.
Seine Nachbarn freuten sich wie Kinder.
»Arbeit Scheiße«, sagte er.

Diesmal gaben sie ihm nur zögernd recht.
»Alle dumm«, sagte er.
Sie zuckten die Achseln.
»Alle kaputt«, sagte er.
Sie schwiegen.
»Alle krank«, sagte er.
Sie besprachen es kopfnickend.
»Fabrik schlecht«, sagte er, und dann fiel ihm nichts mehr ein.
»Du Frollein?«, riefen sie.
»Manchmal«, sagte er und log.
Er war froh darüber, hier zu sitzen. Er hörte Worte in einer fremden Sprache summen und konnte denken, ohne zu reden, und schweigen, ohne zu hören. Das war Gemeinschaft für ihn. Er fühlte sich müde und leer, doch jetzt war ihm dieser Zustand nicht unangenehm.
Die Uhr, sonst so lahm, war plötzlich nicht mehr zu bremsen. Je mehr sich ihre Zeiger dem Ende der Mittagspause näherten, desto seltener gelang es dem Jungen, den Blick abzuwenden. Zuletzt starrte er wie gebannt darauf. Die Maschinen erwarteten ihn wie eine Reihe von Feinden.
Nachmittags wurde er zum Lastwagenbeladen abkommandiert. Schwere Kartons rissen ihm fast die Arme aus dem Rumpf, die Kanten der Kartons prellten seine Schenkel; dann scheuchte man ihn mit einem Stechkarren zwischen Versandlager und Laderampe hin und her. Als er kaum mehr stehen konnte, mußte er wieder klumpig-sulzige Farbe in die Maschine spachteln, die Eisenkübel sauberwaschen. Er verachtete und beschimpfte sich, als die Flüche erschöpft waren, in die er seine ganze Schwäche gelegt hatte. Er pfiff voller Grimm, bis es ihm der Meister verbot. Er dachte, wenn du schnell alt werden willst, dann ist hier genau der richtige Platz dafür. Mit der Zeit wirst du nicht mehr merken, wie oft du besoffen bist. Hier hast du alle Chancen, ein Typischer zu werden, einer, der sich selbst nicht mehr heilig ist, einer, der zwar sagen kann, er verdient sein Geld durch harte

Arbeit, aber davon zu schwach wird, um noch stolz darauf sein zu können. In jede Pore wird ein Kreuz geritzt, jeder Schweißtropfen wird in einem Geldsack veredelt, und wenn du dich beschweren willst, knebeln sie dich mit einem Händedruck; von ihren Stacheln tropft es Honig. Je blöder du bist, desto wohler ist ihnen zumute. Ihm war, als ginge es um sein Leben; er wollte leben, nur nicht auf diese Art und Weise. Die Uhrzeiger ruckten als wollten sie zurückspringen und den Tag von vorn beginnen lassen. Er beschwor das Uhrwerk, schneller zu laufen. Er ging hinaus auf den Hof, um in frischer Luft zu verschnaufen, doch der Pförtner drohte mit einer Meldung.

In der Halle war inzwischen die Putzzeit angebrochen. Die Maschinen hatten für heute ausgedient. Der Meister erinnerte den Jungen an seine Schulden und wünschte allerseits einen schönen Feiertag, sagte »Freitag in alter Frische« und verzog sich in sein Büro. Alleingelassen, und das war erhebend, soffen sich die Arbeiter dem Feierabend entgegen. Sie standen auf einem Haufen zusammen und unterhielten sich erleichtert. Der Junge stellte sich dazu.

»Du hast es ja schnell kapiert«, sagte einer zu ihm.

»Am Freitag zahlst du deinen Einstand, Kumpel«, sagte ein Zweiter.

»Freitags muß erst recht gesoffen werden.«

»Da kann uns die Welt am Arsch lecken.«

»Bist du von auswärts?«

»Die auch«, sagte der Junge und zeigte auf die Gastarbeitergruppe, die sich etwas abseits hielt.

»Morgen, wenn ich ausgepoft hab«, sagte ein Dritter, »werd ich mir meine Alte vorknöpfen. Das gibt die wahren Gefühle, echt und ohne Gummistrumpf wird da gefickt.«

Ein anderer rief plötzlich: »He du, Mohammed, ist deine Lieblingsfrau ein Filmstar?« Er legte eine Kunstpause ein, in der er lachte und den anderen zuzwinkerte, dann fuhr er fort: »Sie hat ein Ziegeneuter und einen Arsch wie ein Brauereigaul.«

»Ich Ali«, sagte der angesprochene Türke. »Name nix Mohammed.«
Der Junge lachte nicht mit. »Laßt ihn doch in Ruhe!« sagte er.
»Ihr Kümmeltürken seid doch alle gleich. Fünf Weiber, fünfzehn Kinder, und immer tut ihr so, als ob Knoblauch besser als Schweinefleisch ist.«
»Der Witz war Mist«, sagte der Junge.
»Du schaust ganz schön schwul aus«, sagte wieder ein anderer. »Wie eine keusche Jungfrau, die es faustdick zwischen den Beinen hat.«
»Ihm fehlt bloß der Barrasschliff«, fügte ein älterer Arbeiter hinzu.
»Euch hat man allen miteinander ins Gehirn geschissen«, sagte der Junge.
»Kaum bist du hier, schon wirst du frech!« sagte der ältere Arbeiter.
»Ich kapier nicht«, sagte der Junge, »warum wir uns das Leben auf der Arbeit noch schwerer machen. Wir sind doch nicht unsre Feinde. Haltet ein bißchen zusammen, damit man uns für voll nehmen kann.«
»Zum Meckern brauchen wir dich nicht«, sagte der ältere Arbeiter gereizt. »Und jetzt mach deine vorlaute Klappe dicht. Wenn ich erst mal fuchtig bin, stehst du kahl da.«
Der Junge wartete ab und sah sich nach dem nächstbesten Trumm um. Im Werkzeugkasten lag zuoberst ein Schraubenzieher; er nahm ihn heraus, säuberte sich die Fingernägel damit und sagte wie nebenbei: »Die willigsten Sklaven sind immer die, die dauernd beweisen müssen, daß sie ihr eigner Herr sind.«

28

Endlich schrillte das Läutwerk. Der Junge konnte sich nicht

verkneifen, auf die Maschine zu spucken, die er den ganzen Tag lang hatte bedienen müssen. Er ging als letzter aus der Halle und wünschte sich, fotografiert zu werden, so erlöst schritt er durch den schwarzen Gummivorhang, der voll von farbigen Fingerabdrücken war. Wie ein Müßiggänger schlenderte er hinaus. Den Beifall zollte er sich selbst.
Im Waschraum, vor den Wasserhähnen, stauten sich Schlangen. Im Umkleideraum war ein solches Geschiebe und Gedränge, daß er sich den Weg zum Spind freiknuffen mußte. Die Männer verströmten einen unbeschreiblichen Geruch. Einbeinig hüpfend stiegen sie auf ihre Hosenbeine oder verhaspelten Kopf und Arme in Freizeithemden. Im Getümmel wurde der Junge öfters angerempelt; nicht alle Püffe trafen ihn versehentlich. Als er sich vor dem Spiegel kämmte, hörte er höhnische Bemerkungen. Kaum hatte er sich eine Zigarette aus der Packung geschnippt, brüllte auch schon jemand: »Hier ist das Rauchen verboten!« Dann rannte jeder zur Stempeluhr. Draußen lehnte der Pförtner an der Schranke. Ohne seine Zeitung wirkte er noch untätiger als sonst.
»Farben & Lacke«, las der Junge.
Das Schild war vor dem Tor. Er fühlte sich federleicht. Die Straße war weich wie ein Luftkissen. Berufstätige Frauen stürmten die umliegenden Lebensmittelläden; für sie begann der Arbeitsabend. Ihre Männer zog es in die Kneipen. Der Junge nahm sich die neue Zeit und genoß jeden Schritt. So entfernte er sich von der Fabrik. Nur seine Gedanken brauchten länger. Er kam sich uralt und wie neugeboren vor.
Aus dem Mund roch er verfault. Seine Haare hingen herab als gehörten sie nicht zu ihm. Ihm war als hätte man ihn voll abgestandene Luft gepumpt. Er verpaßte den Zug, aber es machte ihm nichts aus. In einer ihm unerklärlichen Gelassenheit erwartete er den nächsten.
In den Abteilen herrschte eitel Freude. Man gab sich herzlich, tat vertraut. Morgen würde man zu leben wissen. Der Zug hatte eine glückliche Fracht geladen. Alle taten als sei eine

herrliche Ewigkeit angebrochen, als hätten sie vergessen, wie schnell ein freier Tag vorbei ist, besonders dann, wenn man ihn schon im voraus so mit Sehnsucht und Hoffnung belegt. Dann reihte sich der Junge ein, sprang auf den Bahnsteig, wurde überholt und scherte aus, ließ dem Schwung den Vortritt. In der Unterführung betrachtete er noch einmal die Gedenktafel in der Wandnische. Diesmal las er die Inschrift anders.

Heute erlitten
in dieser Unterführung
durch ein rotes
Datum im Kalender
ungezählte Pendler
Arbeiter
Angestellte
Fabrikmenschen
vor lauter Freude
zusammen einen Kollaps.

29

In der Werkstatt brannte die Lampe. Detlev Richter war also schon zurück. Den Jungen wunderte es, daß jemand nach der Arbeit in einem Steinbruch noch an Uhren rumbastelte, die sowieso nicht viel abwarfen. Er öffnete die Tür.
Ohne einen Gruß sagte der Mann, indem er in die Richtung nickte, in der einige Wecker auf dem Tisch standen: »Die sind für dich, geh gleich los. Wenn ich nicht so müd wär, tät ich sie selber zu den Leuten tragen. Wie war die Arbeit?«
»Scheiße«, sagte der Junge.
»Der erste Tag ist immer so. Aber die anderen sterben auch nicht dran. Gegen den Steinbruch ist jede Fabrik ein Paradies.«

»Es ist bloß schade, daß man nicht draus vertrieben wird«, sagte der Junge.
»Was heißt denn das wieder?«
»Ich weiß, daß ihr mich nicht dauernd aushalten könnt. Trotzdem: du arbeitest von früh bis spät, um diese Bruchbude auszuschmücken oder im Urlaub ins nächste Dorf zu fahren, und für mich ist das alles lächerlich. Warum laufen die Leute nicht barfuß? Hornhaut ist gesünder als Gummisohlen. Warum wohnen manche Menschen lieber in Höhlen oder unter umgekippten Kähnen? Weil sie nicht viel brauchen. Ihr dagegen plackt euch für den letzten Dreck ab, und ich soll mithelfen, soll mich dazu hergeben, für euch ein Motorrad mit Beiwagen oder eine Glotzkiste zu verdienen. Was glaubt ihr, mit wem ihr es zu tun habt? Mit einem Blödian womöglich? Meinetwegen können deine lumpigen Uhren noch hundert Jahre hier liegenbleiben. Ich rühr die Dinger nie mehr an.«
»Spinnst du?« fragte der Mann. »Wer hat dir eigentlich erlaubt, so zu blöken?«
»Ich mir.«
»Bin ich dein Feind?«
»Du bist bloß ein Hindernis.«
In diesem Augenblick schellte es. Der Junge ging öffnen. Vor der Tür stand seine Mutter und schlotterte am ganzen Leib; den Schlüssel hielt sie in der Hand. Sie hatte ihn nicht ins Schloß gebracht.
»Was ist mit dir los?« fragte der Junge.
»Wer ist gekommen?« rief der Mann hinter seinem Rücken. Seine Mutter stammelte etwas, was er nicht verstand; dann begann sie zu schluchzen. Es schüttelte sie als habe sie hohes Fieber. Er nahm sie an der Hand, zog sie über die Schwelle und führte sie in die Küche. Der Mann folgte ihnen, ratlos wie der Junge. Weil sie immer noch zitterte, flößten sie ihr Schnaps ein; sie schluckte tapfer.
»Der Zahnarzt hat mir gekündigt«, sagte sie, als sie sich etwas beruhigt hatte, »mich fristlos entlassen, nur, weil ich

mir von seinen Kindern nichts gefallen laß. Widerrede wird nicht bezahlt, hat er gesagt. Schweine. Die haben mit unsereins leichtes Spiel, die wissen gar nicht, daß wir auch Menschen sind. Was die über uns denken, das lassen sie uns spüren.«

»Wir sind halt nichts wert«, sagte der Junge. »Leute wie uns gibt es zu viele.«

Der Mann schnaubte bei diesen Worten und sagte: »Dein saudummes Geschmarre hilft uns auch nicht weiter. Ich geh hin zu dem akademischen Schickser und les ihm die Leviten. Der wird sich überlegen, ob er eine gute Kraft verlieren will.«

»Ihr habt beide recht«, sagte seine Mutter.

Dann verließ sie mit dem Mann die Küche. Es sah aus als würden beide schon auf dem Weg zu den Betten einschlafen, so übermächtig war ihre Müdigkeit.

Der Junge heizte den Herd. Die Wärme machte ihn faul; er verzichtete darauf, sich gründlich zu waschen. Sobald er an Essen dachte, wurde ihm übel. Er kochte sich Tee und trank ihn ganz süß. Sonst wurde ihm jeder Löffel Zucker vorgerechnet. Er lebte auf, legte die Beine auf den Küchentisch und zwang sich, unbeschwert zu tun. Er schraubte die Schnapsflasche auf; durch Tränenschleier sah er plötzlich Scherenschnitte nackter Frauen an den Wänden. Er zwickte seinen Schwanz zwischen die Schenkel und bewegte die Finger als spiele er mit einer Waffe. Eiskalt grinsend sah er sich berüchtigte Schlägerkneipen betreten und jedem Weib unter den Rock langen. Die Musikbox spielte ein Orgelkonzert. Er riß die Lampen herab und bestellte Kerzen. Er schaukelte auf dem Küchenstuhl, bis sich die hinteren Beine lockerten, dann legte er sich aufs Sofa und bohrte seine Stiefelspitzen ins schmuddelige Kissen. Der Meister erschien mit seiner Spraydose und sprühte Wolken schweren Parfüms über ihn. Brüste und Gesäße tauchten aus den herben Nebeln auf. Der Junge trommelte sich mit der gluckernden Flasche auf den Bauch, knöpfte die Hose auf und betrachtete sich. Die nutzlose Schönheit ernüchterte ihn. Er träufelte Schnaps auf seine Erregung und ließ sich von dem kühlen Prickeln beruhigen. Nichts war es mit wunderbarem Heldentum. Im Ausguß stand Geschirr.

Dann sah er seine Mutter mit pendelnden Armen über einen Stoppelacker laufen. Ein stürmischer Nordwind peitschte die Bäume und rupfte das Gras von den Hügelkuppen. Seine Mutter lief eilig auf eine Scheune zu, über deren Dach eine grobe Zeltplane gespannt war, die im Wind knatterte. In der Scheune wartete ein Schatten. Gemeinsam mit seiner Mutter wuchtete er den Balken vors Tor. Durch ein faustgroßes Astloch beobachtete der Junge seine Zeugung im Schein einer Stallaterne. Das Stroh staubte.

Später schaltete er das Radio ein und stellte es sofort leiser, als er AFN empfing; seine Mutter und Detlev Richter waren der Meinung, die Urwaldmusik sei den Strom nicht wert.

Befor I sink
into the big sleep
I want to hear
the scream
of the butterfly.

Dem Jungen kam die Schublade im Schlafzimmer seiner Mutter in den Sinn, in der eine Menge Tabletten lagen; sie würden ausreichen, die ganze Familie vom Leben zum Tod zu bringen.

But in the bitter end
this wildness brings me rest
I sleep in the eye of the storm
and in the startling end
bluewhiteness makes me calm
I dream in the eye of the wind.

Dann kündigte der Ansager mit dem üblichen Geschrei die Nummern der nächsten Viertelstunde an. Der Junge hörte ROLL WITH IT, WILD THING, SOUL DESERT, SAND OF TIME, I'M CRYING und ARE YOU READY; bei ALL OR NOTHING hielt er es nicht mehr aus, haute die

Taste runter und knipste das Licht aus.
Das schmiedeeiserne Gatter eines Friedhofes schwang vor ihm auf, die Finsternis stieß ihn in eine Grube. Er fiel auf einen vermoderten Kranz, der zur Hälfte im Lehm versumpft war. Er klammerte sich an ihn wie an einen Rettungsring; dann ging er in einem Erderegen und Blumenhagel unter. Detlev Richter zerrte mit Inbrunst am Glockenstrang. In der Grube nebenan bat seine Mutter, ihr Sohn möge sich zu ihr legen. Der Junge stand auf und suchte nach einer Grube, in der ein Plattenspieler stand.

30

Er wollte fliehen, flüchten, einfach weggehen und woanders ankommen, ohne festes Ziel, denn überall hätte manches etwas besser sein können als hier. Dort wollte er eine Weile bleiben. Er wollte den Vögeln nach, die in die Wärme flogen, er wünschte sich, auf heißen Straßen Staub zu schlucken, der nach Fremde schmeckte. Und der Wind müßte von unten nach oben blasen und ihn über die Städte heben, hinauf und hinein in Grün und Blau. Hier war alles farblos, am Schatten verdorben, im Schatten verwelkt. Hier war alles geplant und geordnet. Die Fesseln dehnten sich nur, wenn neue Stricke eingeflochten oder bessere Knoten erdacht wurden. Wie auf einem kaputten Schaukelpferd ritt jeder auf seinen Erfahrungen herum. Ihm konnte man nichts nehmen, weil er nichts zu geben hatte. Für ihn waren Vorteil und Nachteil ununterscheidbare Zwillinge.
Das erste, was er beim Aufwachen merkte, war, daß er in seinen Klamotten gepennt hatte. Die Stiefelsohlen hatten Löcher, die Leinenjeans waren speckig und bestanden nur noch aus zerknittertem Gefältel und ausgefransten Säumen, die giftgrüne Lederjacke war an einigen Stellen fast durchgewetzt, das Innenfutter zerschlissen. Früher hatte er mit

dieser Tracht versucht, Zugehörigkeit auszudrücken. Doch die Typen aus seiner Clique, die alle älter als er gewesen waren, hatten ihn immer zurückgelassen, wenn sie in die umliegenden Garnisionsnester fuhren und mit schwarzen GIs Prügeleien anfingen. Er durfte nur Maskottchen spielen, saß auf den Kühlerhauben klappriger Schlitten und mußte die Gaffer anpöbeln. Dafür konnte er auf Kosten der Burschen saufen; sie wußten, daß er wenig vertrug. Eines Nachts hatte er zugesehen, wie sie einen Polacken fertigmachten, ohne jeden Gemütsaufwand. Der Typ hatte nur vor ihrer Stammkneipe gestanden, um sich eine Zigarette zu schnorren. Die Clique umringte ihn, alle zückten ihre Zigarettenschachteln, Feuerzeuge flammten auf, jeder heuchelte Verständnis; dann, als der Polacke nach einer Packung langte, brannten sie ihm die Fingerspitzen blasig. Seitdem hatte der Junge ihren Umgang gemieden.

Er trauerte diesen Zeiten nicht nach. Er hatte seine Helden durchschaut: heute hatten die meisten die Schale gewechselt und waren brave Bürger mit Frau und Kind geworden, die jeden Tag zur Arbeit gingen, abends die Bälger und nachts die Frauen schlugen, plötzlich mit den Bullen kartelten und von den Zeiten schwärmten, in denen sie im Knast gesessen hatten, sonntags einen Ausflug in den Puff der nächsten Großstadt riskierten, ihren alten Bandenmitgliedern die Wohnungseinrichtung zeigten, den Lohnstreifen, Colorpornofotos, Sparbücher, das ganze wohlanständige Allerlei. Nur wenige waren tatsächlich im Zet verkommen oder trieben sich als Zuhälter herum, ihre Engel an der kurzen Leine haltend. Der Junge verstand nicht mehr, daß er sie einmal beneidet hatte.

Er wälzte sich auf die Seite; das Läuten der Kirchenglocken trieb ihn vom Sofa. In der Wohnung rührte sich nichts. In der Nachbarschaft quetschte jemand ein Akkordeon zuschanden. Mit schwachen Schritten ging er zum Küchentisch. Dort lag ein Zettel, in der krakeligen Schrift seiner Mutter geschrieben.

»Lieber Ernst. Wir machen eine kleine Wanderung. Die Wekker haben wir gleich mitgenommen. Das Essen mußt du dir selber machen. Sind gegen Abend wieder da. Deine Eltern.«
Meine Eltern, dachte er.
Der Herd war noch warm. Der Junge trank einen Rest lauen Kaffees; dann bekritzelte er die Rückseite des Zettels.
»Ich, Ernst Krauter, habe den Vorsatz gefaßt, lieber zu sterben als ewig zu arbeiten. Wenn ich mir etwas wünschen dürfte, dann ein Tal, in dem eine Hütte steht, die nur mir gehört. Dort möchte ich nackt durch die Gegend streunen und Mensch und Tier gleich freundlich gesinnt sein. Ich möchte auch keine Angst mehr haben vor solchen Zeiten, die den Stärksten schwächen. Ich habe gehört, daß man den Arm in heißes Wasser legen und dann erst schneiden soll. Wie kann ich erfahren, was ich wissen und wollen muß, und von wem? Keiner kann mehr die Wahrheit sagen, weil sie jeder vergessen hat.«
Er zerriß den Zettel und holte ein neues Blatt Papier. Diesmal malte er die Buchstaben, denn es sollte ein Brief werden.
»Liebe Kati, ich möchte dir schreiben, was ich in einem Buch las.«
Er strich es durch.
»Liebe Kati, ich mag dich sehr gern, weil ich glaube, daß es dir leid tut.«
Er zerfetzte das Papier in winzige Stücke.
Es ging nicht. Er schimpfte sich einfältig. Er hatte sein Herz nicht im Kopf. Eine Weile spielte er noch mit den Schnipseln, dann wischte er sie vom Tisch.
Es war läppisch zu glauben, daß sie sich von seinem Geschreibsel erweichen lassen und hinschmelzen würde. Sie würde nur lachen und sagen: Das ist ein Trottel, der mit Buchstaben bumsen will.
Er schloß die Augen, aber ihr Bild war nicht da.
Er stellte sich vor, er sei mit einem Blumenstrauß auf dem Weg zu ihr. Er spielte mit dem Gedanken, ihr im Bett einen Schein auf den Bauch zu klatschen und zu sagen: Wenn das

jetzt Liebe war, dann tut mir die Menschheit leid.
Er gönnte sich eine rasche Mahlzeit, strich Margarine und Schweineschmalz auf eine Brotecke und schmierte Ketchup und Senf darüber. Das Ganze krönte er mit einem Klacks Kräutermayonnaise, die die Schärfe milderte und den Fettgeschmack verfeinerte. In solchen Dingen wußte er sich zu helfen. Er stopfte sich voll; jeder Happen war eine kleine Köstlichkeit. Als er satt war, fühlte er sich versöhnlich gestimmt.

31

Um den Stadtkern schlug er einen Bogen. Ab und zu schob sich die Sonne durch die wabernden Wolken; ihr rauchiger Schein erhellte den nassen Schmutz auf den Straßen. Den Leuten, denen er begegnete, sah man ihre Zufriedenheit an. Sie hatten sich sonntäglich gekleidet und gingen auffällig langsam spazieren, nahmen sich Zeit zur Muße. In ihrem derben Dialekt unterhielten sie sich über Nichtigkeiten. Alle wirkten peinlich sauber, wie mit Lysol übergossen. Meist gingen sie paarweise, selten in Gruppen. Kinder jeden Alters liefen vor oder hinter ihnen her als würden sie nicht dazugehören.
Das Wetter war aus dem Norden heruntergekommen und nicht weiter gezogen. Diesige Schwaden säumten das Hochwasserufer. Auch aus dem Fluß strömte Kälte in die rauhe Luft. Wo in den trockenen Jahreszeiten Pferde und Ponies weideten, ragten jetzt rostbraune Stacheldrahtstränge aus dem seichten See. Es war schön, wenig zu sehen und viel zu ahnen.
Einmal sah der Junge Bisamratten schwimmen. Die Spaziergänger bombardierten sie mit einem Steinhagel. Rings um die Tiere spritzte das Wasser auf. Es freute den Jungen, daß niemand traf. In sicherer Entfernung kletterten die Ratten

auf festes Land; die Jäger johlten vor Enttäuschung.
»Der da hat überhaupt nicht mitgetan«, rief ein Kind und zeigte vorwurfsvoll auf den Jungen.
»Vielleicht ist er ein Freund von den Biestern«, sagte der Vater des Kindes.
»Ratten darf man nicht mögen«, sagte das Kind.
»Laßt doch den Burschen gehen«, sagte seine Mutter.
»Auf dieser Welt gehört sicher noch mehr ausgerottet«, sagte ihr Mann.
»Mister«, sagte der Junge, während ihm vor Erregung schwindlig wurde, »sagen Sie Ihrem Balg, es soll die Schnauze halten«.
Das Kind bückte sich nach einem Stein und stellte sich zwischen seine Eltern.
»Früher hat man sowas wie euch vergast«, sagte der Mann.
Das Kind kollerte den Stein vor die Füße des Jungen als würde es mit Murmeln schussern. Es gab ein häßliches Geräusch. Der Junge hob den Stein auf und warf ihn ins Wasser.
»Nochmal dasselbe«, sagte er, »und Ihr Balg fliegt hinterher.«
Er drehte sich um; in die Kehrtwendung legte er seine ganze Verachtung. Er hatte ein Gefühl als hätte es Mist geregnet. Während er sich entfernte, spürte er deutlich seinen ungeschützten Rücken. Der Wind war hart. Er sah sich nicht um; er ließ sich von den Böen vorwärtsstoßen und steuerte die einzige Bumskneipe im Viertel an.
Bei den Einheimischen hatte der Schuppen einen schlechten Ruf. Dieser Ruf war so schlecht, daß er jeden zu einem Besuch reizte, der bei der sonntagmorgendlichen Frühschoppenverschwörung mitmunkeln wollte. Wer es gar wagte, in dem Schuppen um Mitternacht ganz allein einen schnellen kurzen Schnaps zu kippen, der war der Star jeder besseren Tischrunde. Diese Mutproben hatten sich eingebürgert. Und die Polizei machte in dem Laden ihre Fänge; die Mopedrocker aus den Bauerndörfern tuschelten von einer Laster-

höhle. Dabei war es nur eine heruntergewirtschaftete Pinte, ein umgebauter Stehausschank. In der Mitte konnte man zwischen Tischen tanzen, nur eben keinen Walzer.

An den Wochenenden kamen die Schwärmer zuhauf. Dann waren in gutbürgerlichen Gaststätten die Plätze unter den Hirschgeweihen fast verwaist; der Abschaum wurde beehrt, womöglich eine minderjährige Ausreißerin aufgegabelt. Alle soffen sich die Hucke voll und schwangen große und lange Reden, bis sie durch einen Rempler vom Hocker fielen und ihre guten Jacketts mit Blut und Angstschweiß besudelt waren. Nie gab es Gerangel oder Geplänkel, immer gleich Prügel von den Stammgästen. Anderntags wanderten die Anzüge in die Reinigung.

Ein paar Gesichter in der stanioltapezierten Bruchbude kannte der Junge noch von früher. Die Musikbox strahlte. Die Tischdecken waren mit Brandlöchern gemustert. An die Decke waren Bambusrohre und Schilfmatten genagelt. Der Raum kochte. Ein Stuhl wurde leer; der Junge schubste sich darauf zu. Die Sitzfläche war noch heiß vom Hintern seines Vorgängers.

Als der Junge ein Glas Bier bestellt hatte, überschlug sich eine Zigarette vor ihm auf der Tischplatte. Fast gleichzeitig kam der Werfer zu ihm herüber; seinen Stuhl zog er an der Lehne hinter sich her.

»So verkohlt wie du kann nur ein Ausgebrannter dreinschauen«, sagte er und setzte sich hin. Dann ließ er sich von dem Jungen Feuer geben.

Ein Vollbart füllte sein mageres Gesicht. Die Haare waren stopplig wie die Borsten einer Waschbürste. In den Augen lag Schlaf. Seine Jacke war, was die Farben betraf, nach dem Vorbild irgendeines Wappen geschneidert. Er sah darin aus wie ein Papagei und nicht so als stamme er aus einem der Kaffs in der Umgebung mit Hühnern im Garten und einer Autobahn neben dem Dorfbach. Der Typ war angesäuselt; er schnippte mit den Fingern und schnalzte anerkennend, wenn jemand die Musikbox fütterte. Ab und zu

winkte er dem Jungen zu als säßen sie an verschiedenen Tischen.
»Ich weiß nicht warum«, sagte er, »aber du gefällst mir.«
»Wird schon seinen Grund haben«, sagte der Junge.
»Du gefällst mir jedenfalls am besten von allen hier.«
»Das ist keine Leistung«, sagte der Junge.
»Zur Zeit mach ich Schaustellergehilfe«, fuhr der Typ fort. »Da bin ich jetzt auf so einem Nest in der Nähe. Ich muß warten, bis mich ein paar Leute von Daheim vergessen haben. Sonst tät ich das nie. Aufbauen, kassieren, ausbessern, abbauen, so läuft das vom Frühling bis zum Herbst. Die einzige Abwechslung sind die Gören, die sich ficken lassen, wenn sie umsonst Karussel fahren dürfen. In der Not paßt jedes Lot. Glaub mir nur nicht alles. Ich bin nicht mehr nüchtern; das macht schwatzhaft. Natürlich willst du jetzt wissen, warum ich von Zuhause Reißaus nehmen mußte. Ich sag das ehrlich nicht jeder ixbeliebigen Person. Dir sag ichs. Es geht um die Frau Bürgermeister. Die Frau Bürgermeister aus meiner Heimatstadt hatte einen Bock auf junge Schwänze. Der Pimmel ihres Alten war ihr nicht mehr saftig genug. Keine Stellung war ihr zu scharf; sie hatte eine Hitze in sich, die nicht zu löschen war. Rotstiche waren für sie die höchste der Wonnen. Ohne sie wüßte ich nicht mal die Hälfte von dem, was ich weiß. Sie war wirklich ein starkes Stück, unheimlich lebendig. Bei ihr ging alles bis zur Raserei. Versager reizten sie zur Weißglut.«
»Toll«, sagte der Junge.
»Meine Lebensgeschichte geht weiter. Eines Tages hab ich schaumig gepißt. Es juckte und brannte, daß jeder Tropfen zur Qual wurde: Tripper. Ich mußte dem Amtsarzt gestehen, wer mich angesteckt hatte. Da fiel der Stein ins Wasser. Ich bekam einen Haufen Briefe ohne Absender. Viele Leute, lauter bekannte Persönlichkeiten, hatten mit der Frau Bürgermeister unter einer Decke gelegen. Plötzlich wollten sie ihre Ehre retten, und ich war der Verräter. Dabei hatte der Amtsarzt, der gesetzlich zum Schweigen verpflichtet ist, mein

Geständnis ausgeplaudert. Ich flog von der Schule und so weiter und so fort. Meine Alten, die einen kleinen Laden hatten, verloren die Kundschaft. Und hier sitz ich nun. Und bleibe nicht.«

»Irre, Mann«, sagte der Junge.

»Traurig«, sagte der Typ. »Die Frau Bürgermeister wurde als mannstolle Hexe verschrien und ich als verführter Satansbraten. Ein Pfaffe nahm mich ins Gebet. Er wollte Einzelheiten hören, über jede Unkeuschheit Bescheid wissen. Meine Alten verhörten mich mit Fragen, aus denen die Neugier der Nachbarn sprach. Von diesen ehrenwerten Bürgern hatten etliche denselben Dreck am Stecken wie ich. Sie haben sich ihren guten Ruf wieder zurechtgelogen. Die schwarzen Schafe blieben im Dunkeln – außer mir. Da bin ich abgezwitschert. Später hab ich erfahren, daß die Frau Bürgermeister schuldig geschieden wurde und dann Selbstmord begangen hat. Dem Bürgermeister war sein Sessel lieber.«

»Gegen die kommst du nicht an«, sagte der Junge.

»Und ob«, sagte der Typ. »Nochmal laß ich mir das nicht gefallen. Sie haben mich wie eine Filzlaus behandelt. Und die Frau ist tot. Das büßen sie. Einen von ihnen leg ich flach.«

»Die buchten dich ein.«

»Na und? Sie ist tot!«

»Du bist klug, das hört man«, sagte der Junge, »und du weißt eine Menge, aber dein Liebesfimmel macht dich harmlos. Du könntest mein Bruder sein.«

»Danke«, sagte der Typ. »Jetzt bis du dran. Erzähl mir was von dir. Vielleicht werd ich schlauer. Im Schweigen warst du Klasse.«

»Ich hab gestern in einer Fabrik gearbeitet.«

»Und morgen wahrscheinlich wieder.«

»Ich weiß noch nicht.«

»Ärger?«

»Immer.«

»Komm zu uns. Wir brauchen wen.«

»Ich wollte schon beim Zirkus mitreisen. Aber denen war ich zu jung.«
»Bei uns achtet kein Aas auf Papiere. Hauptsache ist, du hast ein altes Gesicht.«
»Mein Stiefvater hat meine Mutter unter der Fuchtel«, sagte der Junge. »Er wird ihr so zusetzen, daß sie mir die Bullen hinterherscheucht.«
Er kam ins Stottern und machte eine Pause. Sie wurde so lang, daß er nicht mehr weitersprechen konnte. Er hatte das Gefühl, sein Gegenüber ein paar Tage zu früh kennengelernt zu haben, in einem sowieso verlorenen Augenblick. Die Musik, die schöne laute Musik, hämmerte dröhnend an seine Schläfen. Die Nerven dehnten sich, die Haarspitzen barsten.
»Ladies and Gentlemen«, rief Jerry Lee Lewis und sang GREAT BALLS OF FIRE.
»Wir haben selten Glück«, sagte der Typ. »Dazu sind wir zu dumm oder zu wenig gerissen. Wenn wir etwas erleben möchten, gehen wir ins Kino, wo es den Helden besser geht als uns, am Ende des Films auf alle Fälle. Wir haben uns selbst aus den Augen verloren. Wir tappen herum wie die Blinden. Wir haben keine Ahnung, wo wir uns befinden.«
Der Junge verstand ihn nur zur Hälfte.
»Dir sieht man doch an«, sagte der Typ, »daß du fertig bist. Nimm das Schwere nicht auf die leichte Schulter, sag ich mir immer. Morgen kann alles aus sein. Heute haben wir noch Zeit und Gelegenheit, uns einen Rausch anzusaufen, mit Weibern zu pennen und jeden, der uns unterlegen ist, zusammenzuschlagen oder auf die Beine zu stellen. Wer das Maul hält, hat nichts zu sagen. Rühren muß man sich, und wenn es mit Gewalt ist. Deshalb würde ich mich nie selber killen, auch wenn das die einzige Lösung wär. Ich überlaß dem Staat meine Beseitigung. Diese Gesellschaft ist sowieso dem Untergang nahe. Vom ersten Schnaufer an wird man vergiftet. Ich wundere mich nicht, wenn sich jemand eine Pulle Heroin unter die Zunge bolzt oder mit dem Rentenbescheid aus dem Fenster springt. Gottchen, bin ich blau!«

Der Typ legte einen Schein auf den Tisch und sagte: »Los, den machen wir nieder, der reißt uns raus. Wenn uns die Sprache wegbleibt, können wir auch mit den Augen reden.« Dann ging er zur Musikbox; er glitt richtig durch die Leute. Vor der Box tänzelte er wie ein Pfau und hieb wahllos auf die Tasten.

Rock und Beat versetzten den Jungen in eine lila Stimmung. Abgehacktes Schnattern mischte sich in Töne, die so klangen als würden elektrisch verstärkte Leitungsdrähte gezupft und geschlagen. Jeder Nerv wurde aufgeputscht und zerfasert. Der Junge öffnete sich, saugte sich voll; jeder Laut steigerte seine Verzückung. Er liebte die aggressiven Stimmen der Sänger, er liebte es, bei dieser Musik von Rauchbomben zu träumen, von zertrümmerten Instrumenten und Tänzern, die sich in Verrenkungen winden. Jeder Schrei war himmlisch.

Während Platte nach Platte klickend unter der Nadel einrastete, hetzte der Typ die Bedienung nach Bier. Später zog er seine Fahnenjacke aus, hißte sie am emporgestreckten Arm und rief: »Es lebe, was tot ist!« Dann sackte er auf seinem Stuhl zurück und sagte: »Ich bin voll.« Der Junge rührte mit der Zunge im Bierschaum und fühlte sich unverwüstlich. Am liebsten hätte er die Musikbox umarmt. Dieses Leben war ganz nach seinem Geschmack.

»Hör zu«, sagte der Typ, »ich heiße Toni, und jetzt gehen wir zusammen aufs Klo.«

Er stand schwankend auf und zog den Jungen hinter sich her; im Klo hielt er ihm seine linke Hand in Hosenlatzhöhe entgegen. »Pinkel dauf!« sagte er. Mit der nassen Hand patschte er dem Jungen auf die Schulter. Dann war der Junge an der Reihe. Ein perlender Strahl zerstob auf seinen Fingern. Feierlich reichten sich beide die tropfenden Hände; Toni schniefte vor Rührung. Auch dem Jungen würgte es ein bißchen in der Kehle.

Als sie wieder an ihrem Tisch saßen, bestellte Toni eine Portion Kaffee und Coca Cola. Draußen vor den Fenstern ertranken die Häuser in trüber Finsternis. Der Kaffee war

ungenießbar; von der Coca Cola bekamen sie einen Schluckauf. Sie gaben sich keine Mühe, sich die Rülpser zu verkneifen.
»Weißt du«, sagte Toni, »ich hab mich früher mal für Anarchismus interessiert. Hier ist doch alles kaputt. Ich scheiß auf Blumen, wenn mir die Erde nicht gehört, in der sie blühen. Bisher haben mich meine guten Gefühle nur enttäuscht. Hier wird jede Wahrheit zum Schwindel. Meine Wünsche sind ein Irrtum. Jeder will nur nach oben, einen Posten ergattern, unkündbar sein, jeder ist auf die Unentbehrlichkeit erpicht, will seinen Platz sichern, seine Stellung behalten. Alles strebt nach Macht. Was nützen mir Verstand und Muskelkraft gegen die Leibwächter, mit denen sich die Herrschenden schützen? Das ist als würde man versuchen, einen Bluthund zu beißen. Ohne eine Knarre ist man heutzutage einfach geliefert. Ich kann keine Leute küssen, die einem in die Augen spucken. Von nun an ohne mich! Listig muß man sein, meinetwegen tückisch, mit gleicher Münze muß man zurückzahlen. Man muß so frei sein, aus Angst gewalttätig werden zu können. Man muß den Herrschenden die Schwarte aufschlitzen, bis sie Blut speien und ihre Schuld zugeben. Das Glück darf nicht länger Zufall bleiben. Wer nur überlegt, verpaßt seinen Einsatz. Ich hab keine Lust, mich dauernd schröpfen zu lassen. Wenn schon, dann möchte ich lachend sterben. Ich will eine Last sein. Das ist meine Einstellung. Hast du auch eine Meinung?«
»Du bist älter als ich«, sagte der Junge.
»Ich bin bald weg«, sagte Toni.
»Du bist noch da.«
»Komm mit!«
»Ich warte lieber auf einen Zirkus.«
»Als Schießbudenfigur würdest du dich besser eignen«, sagte Toni, »weil dich die Leute bestimmt um jeden Preis treffen möchten.«
Dem Jungen brummte der Schädel. Es war eine Wohltat für ihn, Tonis erschöpftem Schnaufen zuzuhören, das die Fort-

setzung des Gesprächs erstickte. Der Junge sah die Gäste an und verglich sich mit ihnen; plötzlich waren sie ihm fremd. Er merkte die Löcher in seinem Verstand. Wenn er geradeaus denken wollte, fiel er hinein und fand sich hinterher nicht mehr zurecht. Niemand hatte mit ihm geübt. Er war ein Draufgänger, der überall abprallte.

»Komm mit«, sagte Toni. »Wir gabeln uns Weiber auf und feiern im Wohnwagen weiter. Mein Boß hat einen tiefen Schlaf. Wir legen uns mit Flaschen in die Koje, das gibt lustige Geräusche. Na los, sag ja!«

»Nein«, sagte der Junge.

»Du bist ein Arsch.«

»Es würde mir nur diese eine Nacht helfen.«

»Du mußt noch viel lernen.«

»Von wem?«

»Von mir nicht mehr«, sagte Toni und stand auf. Er schraubte sich mit schlängelnden Bewegungen hoch, konnte nicht mehr richtig stehen, grinste darüber und sagte pathetisch: »Jetzt macht sich das wandernde Volk bereit und bricht auf aus den Herzen der Städte, denn die Zelte hat der Wind verschleppt. Mit Ohrringen und Glasketten behangen, in bunte Lumpen gehüllt werden wir die Rummelplätze verändern, wo Öl von den Lippen der Leute tropft und die Küsse nach schwarzen Zwiebeln schmecken. Du aber darfst bei mir immer umsonst fahren. Halt den Schwanz steif!«

»He«, sagte der Junge, »du hast mich nicht begriffen, du bist besoffen. Wenn du willst, kannst du bei mir pennen.«

»Ich werde allein fertig!« brüllte Toni. Leiser fügte er hinzu: »Tut mir leid, aber in mir kippt alles drunter und drüber. Ich verachte dich nicht. Ciao, brother.«

Dann ging er zur Tür. Sein Rücken war ein Farbenmeer, über dem sich Rauch und Dunst kräuselten. Mit ein paar Schritten war er verschwunden, weg und für immer fort.

Der Junge trank sein Glas aus; zu spät merkte er, wie von einem der Nebentische ein Mann seine Begleiterin zu ihm herüberschickte. Die Frau trug ein volles Glas in der Hand, voll mit einem zähen Brei aus Spucke, Schleim und Zigarettenasche.
»Schütt dem Wichser das Zeug in die Fresse!« rief der Mann. Zu spät trat der Junge der Frau gegen die Beine; sein Glas schmiß er in Richtung des Nebentisches. Die Gäste sprangen zur Seite, als es Scherben prasselte. Der Mann riß die Arme vor den Kopf und sprang auf; erst jetzt fiel dem Jungen die Sonnenbrille auf, die der Kerl trug. Seine Schickse biß und kratzte. Der Junge versuchte zu stehen; es ging kaum mehr. Der Mann war mit wenigen Sätzen an seinem Tisch und schlug zu. Der Junge sank auf die Knie; er bedeckte seinen Kopf mit angewinkelten Armen, bis ihn ein Hieb ins Kreuz zusammenklappen ließ. Er spürte fast nichts, nur den klebrigen Hemdkragen am Genick. Dann rappelte er sich wieder auf, die Wände wichen zur Seite, rückten wieder heran und fingen sich zu drehen an. Daß er nicht wieder umfiel, wunderte ihn selbst am meisten. Als suche er Halt, lehnte er sich an die Wand und sagte: »Hör bitte auf«; gleich darauf trat er dem Kerl mit voller Wucht in die Eier. Dann verlor er das Gleichgewicht und ließ sich fallen. Verschwommen sah er den Mann unter einen Tisch krabbeln; der Kerl krümmte sich vor Schmerz. Der Junge wünschte sich, Toni wäre noch da. Vielleicht hätte er eine Stahlrute gezückt, mit zischender Spirale dem Wahnsinn ein Ende gemacht. Ein Schlüsselbund hätte es auch getan.
Als sich der Mann erholt hatte, wurde der Junge zu einer gelenklosen Puppe. Der Mann riß ihn vom Fußboden, zerrte ihn an den Haaren im Kreis herum, ganze Büschel blieben in seinen Fingern hängen; dem Jungen war als hätte man ihm Glut in den Kopf gegossen. Er fiel aber nicht um. Immer war ein Stuhl oder Tisch da, auf den er sich stützen konnte. Wie

blind stolperte er umher und suchte nach einem Ausweg; mit letzter Kraft riß er mit einem Ruck seinen Gürtel aus den Schlaufen, die Schnalle zog er dem Mann über Mund und Nase. Der Junge sah Tränen, aufgerissenes Fleisch, Blut, Zähnebrocken; dann wurde es still. Es gab keinen Sieger. Gewonnen hatten die Zuschauer.
Einige Gäste boten dem Jungen einen Schnaps an, aber er lehnte ab. Andere mußten die Frau bändigen, die unbedingt ihren Macker rächen wollte. »Das ist ein ganz linker Typ«, brüllte sie in einem fort, »ein ganz gemeines Schwein.«
»Gebt ihr einen Schnaps«, sagte der Junge, dem die Stimme versagte. Überall schwoll sein Körper an. Sein Gesicht bekam Flecken. Im Spiegel hinter der Theke leuchteten seine Zähne purpurfarben. Sein Gang entzog sich seiner Kenntnis. In der Tür gab ihm die Luft den Rest.

33

Draußen strömte windverwirbelter Regen aus der Nacht. Der Schädel des Jungen pochte, die Kopfhaut warf Wellen. Er nahm die Regenwäsche wie eine kühle Dusche entgegen. Jeder Schritt gewöhnte ihn an die Schmerzen, die wie Irrlichter in ihm flackerten. Vor dem Bahnhof erbrach er sich; die Übelkeit schnitt ihn mittendurch. Zwischen den Würgestößen flehte er um Hilfe. Die Stadt war dunkel. Er befand sich allein auf der Straße.
Ich hab nichts getan, dachte er, ich hab mich gewehrt. Ich bin schwach, aber nicht feige. Ich kann nicht dauernd Umwege machen. Jeder hat seine Laufbahn, ich geh vielleicht auf der anderen Seite, aber nicht auf der falschen. Ich schleich mich nicht davon. Ich laß mir vieles nehmen, doch das heißt noch lange nicht, daß ich wenig brauche. Ich bereue nichts, ich entbehre nichts. Ich hab meine Angst ausgekämpft.
Er kotzte noch öfters; das waren Pausen, in denen er lang-

sam zur Besinnung kam. Die Häuser wirkten abweisend. Dieser Eindruck war so stark, daß er im Rinnstein ging. Er stellte sich grüne Pilze hinter den Mauern vor, grottenhafte Keller, Muscheln auf den Dächern. Die Gosse wurde zum Kanal.

Zu Hause zog er sich von Stufe zu Stufe die Treppe hinauf. Oben setzte er sich auf die Schwelle und lehnte den Kopf an den Türstock.

»Komm«, sagte seine Mutter hinter der Tür, »hör halt auf. Jetzt geht es nicht, sonst sieht er uns noch.«

»Wer weiß, wo der ist«, sagte Detlev Richter. »Tu doch nicht so. Wir hören ihn schon.«

»Muß es denn gleich sein?«

»Warum nicht?«

»Im Bett ist es zu kalt«, sagte seine Mutter.

»Dann machen wir es eben hier«, sagte der Mann.

Der Junge zog sich hoch und ließ seine Hand auf die Klinke fallen. Die beiden fuhren auseinander. Es herrschte eine Bullenhitze in der Küche. Auf dem Tisch stand eine leere Zweiliterflasche Wein. Die beiden hatten einen leichten Schwips. Seine Mutter kicherte.

Detlev Richter bemerkte den Zustand des Jungen zuerst.

»Wer hat dir denn endlich die längst fällige Tracht verabreicht?« fragte er.

»Der hat dir nicht ähnlich gesehen«, antwortete der Junge.

»Hoffentlich hat er dich gescheit erwischt.«

»Ich spür überhaupt nichts«, sagte der Junge.

Seine Mutter sagte: »Geht lieber schlafen, eh ihr wieder streitet. Morgen früh ist die Nacht zu Ende.«

»Ich geh nicht mehr in die Fabrik«, sagte der Junge.

»Hast du einen Grund?« fragte der Mann.

Der Junge nickte.

»Welchen?«

»Mich«, sagte der Junge.

Der Mann lachte wie über einen Witz. Dann sagte er: »Du taugst zwar nichts, aber arbeiten wirst du trotzdem.«

»Nicht mehr in dieser Fabrik«, sagte der Junge.
»Du willst wohl zu mir in den Steinbruch kommen?« sagte der Mann. »Mach mir nichts weis! Dich kenn ich doch.«
»Das glaubst du«, sagte der Junge.
Seine Mutter wärmte Wasser auf dem Herd. Er spülte sich die Haare und wusch Schweiß und Blut ab. Manchmal krachte ein Holzscheit.
»Südtiroler Landrotwein«, sagte der Mann, das Etikett der Flasche buchstabierend. »Da sind Berge, drum ist der Wein so herb.«
»Er war sauer«, sagte seine Mutter.
»Er ist kräftig«, sagte der Mann, »auf Fels gewachsen. Da fahren wir mit dem Motorrad hin. Zu zweit! Du im Beiwagen. Wir laufen den ganzen Tag spazieren. Von den Gipfeln schauen wir auf die ganze Welt herunter.«
»Das wird herrlich«, sagte seine Mutter.
»Und dann vespern wir Schinken und Schmarren.«
»Und diesen Wein da, den trinken wir dazu«, sagte seine Mutter.
Dann gähnte Detlev Richter, und sie hielt mit. Sie gingen schlafen, einfach schlafen; nach einer Weile folgte ihnen der Junge.
Als er im Bett lag, kam seine Mutter zu ihm. Schüchtern streichelte sie seine Stirn und flüsterte: »Wenn er dich nicht dabei haben will, in Tirol, bleib ich auch daheim. Er ist ein ungeduldiges Mannsbild, das immer alles sofort haben will. Geh auf die Arbeit, rat ich dir, damit du dich wenigstens selbst ernähren kannst. Ich wär froh, wenn ich schon wieder eine Stelle hätte.
»Ist ja gut«, sagte der Junge.
Die letzte Ruhe vor den Stürmen war zu kurz. Als seine Mutter gegangen war, versuchte er Wolken auszuatmen, um sich dahinter verstecken zu können. Er stellte sich vor, weit weg zu sein, allein in einer freundlich gesinnten Gegend, in der wegen ihm nachts die Sonne schien. Es half alles nichts. Im Traum trat der Schläger aus der Kneipe an sein Bett, ent-

schuldigte sich förmlich und bot als Entschädigung für die Prügel seine Freundin an.
Sie sagte: Ich bin aber nicht geil.
Der Schläger sagte: Das kannst du dir auch sparen.
Sie sagte: Er hat keinen Gummi.
Der Schläger sagte: Dafür hast du deine Regel.
Dann lachten beide den Jungen aus.
Er versuchte, die Frau festzuhalten, aber seine Hände rutschten von ihr ab. Der Schläger bedauerte die vergebliche Anstrengung. Er hatte sich einen Verband zwischen die Beine geklemmt.

34

Es klickte. »Hoppla!« sagte der Mann. »Kein Strom?« Zwei Schatten tappten am Bett des Jungen vorbei. Vorsichtig schleiften in der Finsternis ihre Sohlen über den Boden. An der Tür stießen die Schatten aneinander; jemand schabte am Türstock entlang. »Ich seh nichts«, flüsterte seine Mutter, »nicht einmal die Streichhölzer.«
»Vielleicht weiß der Junge, wo die Kerzen liegen«, sagte der Mann mit Absicht laut.
»Ich bin wach«, sagte der Junge.
»Heut bist du wieder besonders ehrlich«, sagte der Mann. »Verreckte Sicherung!«
»Im Gerümpelschrank steht ein Karton mit Weihnachtsschmuck, da sind Christbaumkerzen drin«, sagte seine Mutter.
»Wir sind der Stall von Bethlehem«, sagte der Mann.
Der Junge klapperte mit den Zähnen, während er die Bettdecke lüftete und die Schlafwärme verpuffen ließ. Sein Körper kam ihm so schwer vor als hätten seine Knochen an Gewicht zugenommen. Er brannte vor Durst. Mühsam schwang er sich aus der Matratzenmulde und stieg in seine kalten

Kleider. Sie wurden auf der Haut feucht. Er hatte Kopfschmerzen und probte, ob er mit Überzeugung sagen könne, daß er krank sei. Schleim verstopfte seinen Husten.
»Hör dir nur an, was der für ein Schindluder mit sich treibt«, rief der Mann in der Küche. »Da meint man ja, er kratzt gleich ab.«
Er tat so, als würde er die Unschlüssigkeit des Jungen nicht bemerken, bestrich seelenruhig seine Brotscheibe und wartete vor der leeren Tasse auf den Tee, den seine Mutter zubereitete. Kerzen klebten auf dem Tisch. Der Mann trug eine Russenmütze mit heruntergeklappten Ohrenschützern; dazu hatte er sich einen grobgehäkelten Schal mehrfach um den Hals gebunden. Die Schäfte seiner grünen Gummistiefel bauschten die Hosenbeine unter den Knien. Eine wasserdichte Kampfjacke aus Armeebeständen, ebenfalls olivfarben, vervollständigte die Ausrüstung. Immerhin hatte er einen Krieg mit dem Wetter auszufechten.
Der Mann kaute. Sonst regte sich nichts in seinem Gesicht. Die Augen des Jungen hingen an der dampfenden Tasse, aus der der Mann im Stehen schlürfte, zuvor auf jeden Schluck blasend.
»Du willst also nicht zur Arbeit?« fragte er. »Hast du dir deinen Entschluß reiflich genug überlegt?«
Der Junge nickte, weil ihm ein Ja nicht recht gelingen wollte.
»Sooo«, sagte der Mann.
Das Frühstück schien ihm zu schmecken. Er sah auf die Uhr und lächelte versonnen.
Plötzlich sagte er: »Hör zu!«
Der Junge ging in Abwehrstellung; darin hatte er Übung. Auch am Verhalten seiner Mutter merkte er, daß ihr nichts Gutes schwante.
»Wenn er mir jetzt nicht zusichert, daß er von nun an regelmäßig arbeiten wird, verlaß ich euch«, sagte der Mann. »Ich hab es satt, der einzige zu sein, der die Familie ernährt, während er vor lauter Faulheit stinkt. Ich hab keine Lust, den ganzen Tag mit Steinen und Uhren zu werkeln, während er

den lieben Gott einen guten Mann sein läßt. Als ich so jung wie er war, da hab ich auch arbeiten müssen, schwer sogar, denn in seinem Alter war ich schon Hilfsknecht. Man hat mir nichts geschenkt. Warum bildet er sich ein, eine Ausnahme zu sein? Ich bin es längst leid, ihm dauernd den Umgang mit schlechter Gesellschaft zu verbieten und mich von seinem Trotz ärgern zu lassen. Er kann machen, was er mag, doch ohne mich, nicht mehr mit mir. Du mußt dich zwischen mir und ihm entscheiden, Magda. Entweder er oder ich. Meine Koffer sind schnell wieder gepackt; das schwör ich euch. Im tiefsten Winter, bei strenger Kälte hab ich in den Wäldern Reisig sammeln müssen, bis zum Bauch bin ich in Schneewehen gestanden, und da hält es der Krüppel da in keiner Fabrik aus. Rüben haben wir damals gefressen. Von früh bis spät waren wir eingespannt. Er hat keine Ahnung, der nicht!«
»Detlev«, sagte seine Mutter, »stürz uns nicht ins Unglück. Ich hab dir oft die Treue gehalten, jetzt darfst du mich nicht enttäuschen. Du mußt endlich gehen. Rechtzeitig kommst du sowieso nicht mehr in die Firma. Wir haben doch bald Samstag und Sonntag zum Reden.«
»Das wird jetzt ausgehandelt«, sagte der Mann. »Ich möchte die Angelegenheit sofort bereinigen. Wenn ich zur Arbeit geh, dann geht er mit! Sonst kannst du dir die Dolomiten auf Ansichtskarten anschauen. Sieh ihn dir doch an. Der sagt kein Wort, keinen Mucks macht der; das ist bloß sein schlechtes Gewissen. Hat er mir jemals ins Gefängnis geschrieben? Keine Zeile hab ich von ihm.«
»Du bist schlimmer als eine Maschine«, sagte der Junge. »Im Krieg haben sie dich nicht umgebracht, nicht im Knast und auf der Arbeit auch nicht, und jetzt glaubst du, daß du ein harter Bursche bist, dem keiner die Krücken reichen kann. Ich geb dir ja keine Schuld. Aber für mich bist du eben nicht das, wofür du dich hältst.«
»Ich bin kein Pfarrer, ich versteh nicht alles, was du daherredest«, sagte der Mann. »Ich hab aber gemerkt, daß hier

ein Bauch dicker geworden ist. Was ist drin? Was von mir? Warum hat mich Ernst noch nie Vater genannt?«
»Weil du nicht mein Vater bist«, sagte der Junge. »Ist das so schwer zu verstehen?«
»Dein richtiger Vater war auch kein Gescheiter«, schrie seine Mutter.
»Das hätte mich auch gewundert«, sagte der Junge.
Da ging sie mit beiden Fäusten auf ihn los. Geduldig erwartete er ihren Angriff und ließ sich die Schläge gefallen; sie taten nur dort weh, wo es sowieso schon schmerzte. Er lachte sogar mehrmals, um ihr zu zeigen, wie sehr er sich an solche Vorfälle gewöhnt hatte. Das machte sie noch zorniger, aber auch machtloser. Schließlich ließ sie von ihm ab und fing zu weinen an. Tränen überschwemmten ihr beleidigtes Gesicht. Sie versuchte etwas zu sagen, aber es ging nicht gleich; am Spülstein wusch sie sich die Augen sauber und schluchzte noch eine Weile ins Handtuch.
»Du kannst gehen, wann immer du willst«, sagte sie endlich zu Detlev Richter. »Ich hab noch nie einen aufgehalten. Du bist nicht der erste und der einzige auch nicht. Du bist genau wie die andern. Ich werd sogar deine Koffer packen. Ich bin es leid, zwischen euch zu stehen und dauernd zu schlichten. Ihr helft einem höchstens ins Grab. Du zahlst mir zwar Haushaltsgeld, aber kaufen laß ich mich nicht, auch nicht von dir.«
Der Junge sah den Schatten des Mannes am Fenster hochschnellen; die Lautlosigkeit erschreckte ihn. Er hörte einen patschenden Knall und das Wimmern seiner Mutter und sprang in die Schläge des Mannes, ging unter, tauchte auf; diesmal schlug er sofort zurück. Seine Hiebe trafen blindlings. Für einen Augenblick sah er seine Mutter, die sich die Backen hielt und noch nichts begriffen hatte; es war ihm nun nicht mehr wichtig, was mit ihm geschehen würde. Er hing sich an den Mann, der sich mit aller Kraft schüttelte. Sie fielen beide hin und wälzten sich auf dem Fußboden; langsam gewann der Mann die Oberhand. »Du Schwein«, keuchte der

Junge immer wieder. »Jetzt bist du dran!« rief der Mann. Der Junge fühlte, wie seine Augen anschwollen und die Lippen ausfransten; er schmeckte Blut, das belebte ihn. Der Mann drosch gezielt und bedächtig auf ihn ein. Der Junge war zufrieden, daß er ihn von seiner Mutter abgebracht hatte, die gegen die Wände trommelte als würde sie die Tür nicht finden.
Plötzlich ließ der Mann von ihm ab und stand auf. Er zitterte am ganzen Leib und suchte überall Halt. Der Junge blieb liegen.
»Muß man in diesem Fall nicht bis neun zählen, Sportsfreund?« fragte er. »Hast du vielleicht schon genug? Komm, mach deiner Eitelkeit keine Schande – oder willst du, daß ich dich für einen Versager halte?«
Detlev Richter stolperte ins Schlafzimmer, knüllte Hemden in seinen Koffer, stopfte Strümpfe und Unterwäsche obendrauf; über seine zwei Anzüge stülpte er Plastikbeutel. Ein Schlips baumelte ihm aus der Kitteltasche. Mit dem Kerzenstummel leuchtete er hin und her, damit er nichts übersah, vertropfte Wachs, hinterließ talgige Spuren. Der Wechsel von trübem Licht und grauer Dämmerung, flackerndem Schein und fahler Helligkeit machte seine Bewegungen unwirklich. Er verlor kein Wort mehr. Als er bepackt war, blies er die Kerze aus und suchte das Weite.

35

Der Junge stellte sich ans Fenster. Draußen nieselte es heftig. Der Mann lief schnell; er drehte sich nicht um, er ging mit eingerostetem Hals davon und schien den Wind abzuschütteln, der an seinen Kleidern zupfte. In seinen Arbeitsklamotten sah er komisch aus. Der Junge fühlte Neid, eine Sehnsucht nach Tausch. Dort ging der Verkehrte; der Falsche blieb.

Seine Mutter hatte ihren Platz in der Ecke neben dem Herd verlassen, stelzte mit vor Schwäche gegrätschten Beinen zum Sofa und ließ sich mit dem Gesicht in die Kissen fallen, die ihr Weinen dämpften. Der Junge streichelte unbeholfen ihren Rücken. Er kam sich schäbig vor angesichts ihrer Verzweiflung und bildete sich ein, sie reden zu hören. Er war sich selbst ein Hindernis, sagte sie, in all den langen Jahren, in denen er im Gefängnis saß, lebte er von seinen Träumen, und die Freiheit hat seine Wünsche nicht erfüllen können. Er wird sie überallhin mitschleppen müssen und doch nie einen Platz dafür finden. Für ihn gibt es nur die Tropfen auf dem heißen Stein.

Der Junge sah Detlev Richter durch die Sperre gehen, seinen Koffer auf den Bahnsteig stellen, sich unter die wartenden Reisenden mischen, nach der Fahrkarte in der Hosentasche tasten, vorsichtshalber noch einmal Gleis und Abfahrtszeit vergleichen, die Beruhigungszigarette rauchen. Dann sah er sich selbst am Straßenrand stehen und den Daumen in die Luft recken. Die Gegend wurde zur Landkarte; in schnittigen Flitzern raste er dösend durch waldreiche Ebenen, über himmelstürmende Brücken, schwindelerregende Pässe, in Haarnadelkurven jauchzend. Auf den Autobahnen genießt er die Namen auf den Ortsschildern; die zeigen ihm das Tempo an. Mit glühenden Reifen und qualmendem Motor überholt er alle Entfernungen. Auf dem Rücksitz stapeln sich Lebensmittel, seine Notdurft verrichtet er durchs Schiebedach; er kreuzt am Meer und in den Bergen auf, gondelt zwischen Fachwerkbauten und Betonruinen herum, leistet sich Spritztouren zu Gipfelkreuzen, tankt Flugzeugsprit und schwebt über fassungslose Verkehrspolizisten auf und davon. Die Geschwindigkeit wird zu seiner Waffe; der Auspuff röhrt Sterbegesänge.

»Nun hocken wir da mit unserm Talent«, sagte seine Mutter plötzlich. »Was machen wir jetzt? An meinem Rockzipfel wirst du nie selbständig werden.«

»Ist ja gut«, sagte der Junge.

»Wenn man verlassen wird«, fuhr sie fort, »muß man als erstes vergessen, daß man sich erinnern könnte.«
»Wenn du ewig das Gleiche wiederkäust, wirst du nie fertig damit«, sagte der Junge.
»Mit dir hat man ein Kreuz mit tausend Nägeln«, sagte seine Mutter. »Ich möcht bloß wissen, womit ich dich als Sohn verdient hab. Da haut mir der einzige ab, der gearbeitet hat, und du Maulheld trumpfst mit deinen Sprüchen auf als würden die was nützen, wenn kein Geld und kein Essen auf den Tisch kommt.«
»Vergiß nicht, daß er dich geschlagen hat«, sagte der Junge.
»Die Tür ist noch offen«, sagte sie und fügte hinzu: »Allein komm ich besser durch.«
»Erinner dich, wer dir geholfen hat.«
»Ich hab schon mehr ausgehalten«, sagte sie. »Von der Fürsorge hab ich mit dir gelebt, ich bin weich im Nehmen. Wenn du so ein Mann würdest wie Detlev, könntest du stolz sein. Wegen dir ist er gegangen. Bloß an dir hat es gelegen. Wir machen alle Fehler, aber hinterher bereuen wir sie wenigstens. Dir fällt das nicht im Traum ein. Wart nur ab, bis ich meinen Nächsten erwische, dann bist du fällig.«

36

Der Junge fand noch ein paar Mark in seinen Taschen und ging Zigaretten besorgen. Der Regen sickerte durch seine Haare, näßte den Jackenkragen. Schulkinder balgten sich um die letzten Kastanien; ihre Ranzen wippten und hüpften wie Sättel auf jungen Fohlen. Er erinnerte sich an die Zerbrechlichkeit der Schiefertafeln und daran, daß seine Lehrer noch mit dem Rohrstock hatten prügeln dürfen. Die Sprößlinge angesehener Eltern wurden von Tatzen und Hosenspannern verschont; die Hiebe trafen nur die Kleinen und Armen. Als die Polackenkinder in die Klassen eingegliedert wurden, hagelte es Prügel. Man hatte sie getriezt, gedemütigt, verabscheut, mit Gemeinheit erzogen, als Barackler eingestuft, für die ABC und Einmaleins überflüssig waren.

Am Zigarettenautomaten war die Sichtscheibe beschlagen. Der Junge zog ein leeres Fach, weil die Sperre nicht eingerastet war. Er fluchte und warf wieder Geld ein; dann wählte er blind eine Marke. Jetzt erst sah er, daß neben dem Automaten die Tür zum Tabakwarenladen offenstand. Er beschwerte sich bei der Verkäuferin und verlangte Zigarren von einer teuren Sorte; als sich die Verkäuferin umdrehte und die Kiste aus dem Fach zog, steckte er eine Pfeife ein, die wertvoll aussah, und verließ das Geschäft. Auf dem Heimweg wurde er von den Schirmen, die die Leute trugen, immer wieder vom Gehsteig gedrängt. Mehrmals sprang er freiwillig in den Rinnstein, aber gleich so, daß das Wasser bis zu den Häusern spritzte und jeder, der auf dem Gehsteig lief, von einem Schwall getroffen wurde. Dann kaufte er eine Zeitung, die er billiger bekam, weil sich das Papier voll Regen gesogen hatte.

In einer Kneipe, in der sich vor allem Rentner und Pensionäre ein Stelldichein gaben, löschte er seinen Brand. Es war ein ruhiges Lokal. Am Tisch vor dem Tresen frühstückte ein Mann, der wie ein Vertreter aussah. Der Junge leistete sich sprudelnde Limonade, die er gleich aus der Flasche trank. Dann ließ er sich Bier bringen; sofort ging es ihm besser. Er riß die Zigarettenschachtel auf und brach vor Hast den Filter ab. Der Wirt war ein uralter Knochen, der eine blütenweiße Schürze umgebunden hatte. Sie wallte wie einc Schleppe vor seinem Bauch.

»Was steht denn heut wieder in der Zeitung?« fragte er.

»Ich hab sie noch nicht gelesen«, antwortete der Junge.

»Lügen«, sagte der Mann, der einem Vertreter glich, »die werden gedruckt. Zum Beispiel, daß die Arbeiter arm sind, weil es Reiche gibt, und daß die Verbrecher Opfer der Gesellschaft sind. Wer keine Familie gründet, bloß weil er zu faul ist, anständig zu arbeiten, ist immer auf Vergewaltigung

aus. Die Zeit ist reif für die Todesstrafe. Ein wahrhaft demokratischer Staat müßte jeden soliden Bürger kostenlos mit einer Schußwaffe ausrüsten. Was sich in unserem Land an Gschwartl herumtreibt und breitmacht, das fordert jeden unbescholtenen Menschen heraus.«
»Das gilt dir«, flüsterte der Wirt dem Jungen zu.
»Ich weiß«, sagte der Junge.
Der Mann bedachte ihn mit einem scheelen Seitenblick, ehe er fortfuhr: »Die Zeit ist nicht gesund. Die Verantwortlichen sind zu nachlässig. An den Universitäten wird nur noch Kommunismus und Anarchismus gelehrt, und die Gewerkschaften ermuntern sogar die Lehrlinge zum Streik. Wenn ich meine Zeitung les, kommt mir das Kotzen.«
»Klar«, sagte der Junge, »so ändern sich die Zeiten. Die Henker sind arbeitslos. Die Sittenstrolche treiben ihr Unwesen. Die Pfarrer predigen umsonst. Den Haustieren geht es immer besser. Die jungen Weiber wollen nur noch mit alten Männern, die reich sein müssen, ins Bett. Das ganze Leben ist ordnungswidrig. Die Gesetze taugen nichts. Die Bundeswehr ist bloß noch ein Turnverein. Da bleibt man mit seiner bewährten Meinung auf der Strecke.«
Dann lachte er; dem Mann, der wie ein Vertreter aussah, verging das beifällige Nicken.
»Du bist ein deutliches Beispiel für die Zuchtlosigkeit der heutigen Jugend!« sagte er. »Nochmal ein Hitler, und euch –«
»Sie sind krank«, sagte der Wirt.
»Bei mir stimmt alles«, sagte der Mann. »Aber warum nehmen Sie diesen Burschen in Schutz? Haben Sie ein Verhältnis mit ihm? Man sieht, daß Alter nicht klüger macht.«
Der Wirt zog Speichel durch die Zähne und zeigte auf die Tür.
»Brüten Sie Ihre faulen Eier doch woanders aus«, sagte der Junge.
Als der Mann eine drohende Haltung annahm und beide Hände zu Fäusten geballt auf die Tischplatte legte, zog der

Wirt einen Schlagstock unter der Theke hervor.
»Ich hab das Ding bis jetzt niemals gebraucht«, sagte er, »und ich möchte es auch nicht an Ihnen einweihen. Mein Lokal dient der Geselligkeit, da werden keine Händel ausgefochten. Die Leute, die bei mir verkehren, haben mehr erlebt, als Sie denken können. Die wissen, wo der Spaß aufhört und der Ernst anfängt. Und nun raus mit Ihnen!«
Der Junge sah zu, wie der Mann seine Zeche beglich, und wunderte sich über die Sachlichkeit, mit der der Wirt einen Schein faltete und nach Groschen kramte. Beinahe gemütlich ließ er sie über die Tischplatte rollen. Der Mann ging grußlos.
»Schwarz und braun«, sagte der Wirt.
Der Junge bezahlte, wartete noch ein bißchen; dann klemmte er sich die Zeitung unter die Achsel.
»Danke«, sagte er.
»Für was?« fragte der Wirt.
Draußen stand der Mann, der wie ein Vertreter aussah, an der nächsten Ecke und verteilte Flugblätter. In seiner Nähe parkte ein pompöser Wagen. Der Junge hob ein Flugblatt auf, das ein Passant weggeworfen hatte, und las, daß Deutschland in Gefahr sei. Kommunisten, Sozialisten, Extremisten hätten in einer Demokratie nichts verloren, man müsse den Wohlstand vor dem roten Übel schützen, die Gewerkschaften wollten einen Arbeiterstaat errichten, eine proletarische Diktatur aufbauen. All das klang für den Jungen exotisch. Im letzten Schuljahr hatte er einen Lehrer, der als Beispiel für die Geschichte des zweiten Weltkrieges von seinen Abenteuern als Panzerschütze in Afrika erzählte und über das 3. Reich nicht mehr mitzuteilen hatte als daß es Deutsche gewesen seien, die die erste Rakete entwickelt und Autobahnen gebaut hätten. Faschismus war für die Klasse ein Fremdwort geblieben. Der Junge spürte seine Dummheit, aber er fühlte sich nicht schuldig. Wissen war für ihn wie die Natur: unten war alles flach, auf den Hügeln standen die Burgen.

37

Seine Mutter hatte sich im Schlafzimmer eingeschlossen. Er hörte sie beten und klopfte an die Tür, aber sie antwortete ihm nicht. Er setzte sich in die Küche und rauchte, eine nach der anderen. Dann nahm er eine Tasse und goß den kalten Tee in sich hinein, den Detlev Richter übriggelassen hatte. Auch die angebissene Brotschnitte aß er auf. Als er die leere Tasse ins Waschbecken stellte, brach der Henkel ab. Der Junge drehte den Wasserhahn auf und schwemmte den Henkel unters Geschirr im Spülstein. In der Fabrik war jetzt Mittagspause.

Er fragte: Warum sprichst du nicht mit mir? Warum schickst du deine Fragen durch die Wolken? Ich hock in der kalten Küche, du kniest vor den Betten, in denen du von nun an mehr Platz haben wirst. Man kann nur zu zweit in einer Wohnung wie dieser leben.

Und sterben, hörte er seine Mutter sagen.

Er rauchte, hing auf dem Stuhl und sog den Rauch in Magen und Lunge. Allmählich rührten sich Leber und Galle, dann sein Herz; Schweißausbrüche schwächten ihn. Er fühlte, wie sich seine Adern verengten, sein Blut mit dem Gift kämpfte. Als es ihm schwarz vor Augen wurde, bekam er es mit der Angst zu tun und schluckte eine Schmerztablette.

Plötzlich gaukelte ihm sein ausgelaugtes Gehirn vor, er stehe am Sterbelager seiner Mutter. Der Bettbezug ist vergilbt; ihre Augen sehen nach innen. Sie atmet noch und sagt: Es ist so, als ob alles zuwächst. Macht euch keine Umstände mit mir. Bringt mich unter die Erde und fertig, aus und Amen. Ich bin an der Grenze. Man läßt mich bestimmt rüber. Bald hab ich es besser. So gut wirds mir noch nie gegangen sein. Die Wohnung ist sauber. Ich laß euch Ordnung zurück. Man soll mir nichts nachreden können. Mein ganzes Leben lang hab ich fremder Leute Sachen putzen müssen, auf den Knien bin ich gerutscht, hab ich gescheuert und gefegt, vom Keller bis zum Dach die Stiegen gebohnert, Glas hab ich poliert und

Bettvorleger geklopft. Von früh bis spät haben die Herrschaften auf mich runtergeglotzt und sich über meine Dummheit gewundert. Ich hab mich geschämt, so arg geniert, kann ich dir sagen, daß ich am liebsten aufgesprungen und davongelaufen wär. Jetzt müssen sie sich eine andre Dumme suchen. Hoffentlich finden sie bald keine mehr. Wenn ich allein gewesen wär, ohne Anhang, hätt ich mir nichts gefallen lassen. Aber du warst ja da und wolltest leben.
Der Junge hatte ein Bedürfnis nach Obst und Milch; sein ganzer Körper verlangte nach einem gesunden Geschmack. Der Griff in die Geldbörse seiner Mutter kam ihm deshalb nur wie Mundraub vor. Ihm schien als wackelten seine Zähne. Er hörte sich laut sagen: Du hast echt nichts mehr in den Knochen außer Kneipenmief, du bist ein richtiger kaputter Krüppel, ein abgefacktes Arschloch bist du.
Es half ihm nichts. Er leerte den Aschenbecher in den Abfallkübel; dann verließ er die Wohnung. Seine Mutter schien eingeschlafen zu sein. Er stellte sie sich mit gefalteten Händen vor, festgefroren auf naßgeweinten Kissen.
Als er mit Äpfeln und Weintrauben und einer Tüte Milch wieder vor der Wohnungstür stand und auf die Klinke drückte, war die Tür verriegelt. Er rief nach seiner Mutter; ihre Schritte kamen hinter der Tür näher, aber kein Schlüssel klirrte. Eine sanfte Panik ergriff den Jungen. Zaghaft rüttelte er an der Klinke.
»Geh weg, los, geh weg«, sagte seine Mutter, »ich laß dich nicht rein. Diesmal bist du dran, Geld zu beschaffen. Entweder arbeitest du oder bettelst, das ist mir gleich, Hauptsache, du machst irgendwas. Von allein kommt nichts, das weißt du genau. Ich laß dich nicht rein. Deine Faulenzerei unterstütz ich nicht länger. Streng dich nicht an, du kriegst die Tür nicht auf. Wenn dich Gott schon nicht straft, dann straf ich dich.«
»Brauchst du einen Doktor?« fragte der Junge.
»Ich nicht!« rief seine Mutter. »Aber du kannst dich auf deinen Geist untersuchen lassen. Bei dir stimmt nichts mehr.

Andre Jungen in deinem Alter haben längst Freundinnen und Geld. Die machen sich selbständig, du dagegen kannst keinen Schritt allein gehen. Ich möchte bloß wissen, was in dich gefahren ist. Zieh endlich den Kopf aus den Wolken. Beweis mir, daß du an seine Stelle treten willst, dann ändert sich auch meine Meinung.«
Der Junge trat gegen die Tür, doch das Schloß hielt stand. Für einen Augenblick setzte er sich auf die Treppe; die Stufen waren kalt und trieben ihn wieder hoch. Plötzlich wurden die Äpfel, die Weintrauben, die Milch wertlos. Er ließ sie einfach fallen. Die Tüte mit Milch platzte sofort; die Äpfel brachen in Stücke, als er versuchte, sie in die Luft zu treten. Dann trampelte er auf den Weintrauben herum. Was er angerichtet hatte, sah nach Sünde aus.
Er fror und wünschte sich zum Teufel. Er dachte über einen Ausweg nach; es mußte einen geben. Hatte er nicht schon oft von notorischen Blaumachern gehört, daß es einen Arzt in der Stadt gab, der mit Arbeitsunfähigkeitsbescheinigungen alles andere als sparsam war, weil ihm das mehr Kundschaft brachte? Laß dich krankschreiben, sagte sich der Junge, das ist die vernünftigste Idee. Vielleicht fehlt dir sogar wirklich etwas, das würde die Sache vereinfachen. Er stellte sich vor, wie er seine Mutter mit einer glaubhaften Entschuldigung überraschen konnte; Stempel und Unterschrift eines Doktors würden sie sicher zufriedenstellen und das alte Problem für eine Weile aus der Welt schaffen. Dann ging er zur nächsten Fernsprechzelle und schrieb sich die Anschrift der Praxis des Arztes aus dem Telefonbuch.

38

Das Wartezimmer war überfüllt. Der Junge mußte stehen. An den Wänden hingen Bilder von Tieren und Blumen; darunter standen die lateinischen Namen. Die Mäntel und

Schals an den Garderobehaken rochen nach Mottenkugeln. Die Arzthelferin schrieb seinen Namen in einen Block. Die mörderische Luft setzte ihm zu. Gespräche drängten sich ihm auf.
»Ich bin ein Jahr in der Klinik gelegen.«
»Ich dachte, ich sterbe.«
»Von Blut werde ich ohnmächtig.«
»Das waren Schmerzen – nicht auszuhalten.«
»Seit der Narkose ist mir schwindlig.«
»Meine Geschwulst wird bestrahlt.«
»Nachher muß ich noch zum Zahnarzt.«
Endlich quäkte die Rufanlage seinen Namen. Er ging ins Sprechzimmer und ließ den Dingen ihren Lauf. Der Doktor erhob sich hinter seinem Schreibtisch, gab ihm die Hand und bat ihn, Platz zu nehmen.
»Na«, sagte er, »woanders würde man Sie jetzt verschrotten. Wo fehlts denn?«
»Mit mir stimmt nichts«, sagte der Junge.
»Zum Beispiel?«
»Ich weiß nicht, wie ich es sagen soll. Es ist so, daß ich wegen meiner Geradheit gelobt werde, wenn ich mich krumm und bucklig fühle. Bin ich krank, dann bewundert man meine Gesundheit. Konfus, nicht wahr? Mir fehlt da der Durchblick. Daß ich nie genau weiß, woran ich eigentlich bin, das macht mich krank, glaub ich. Manchmal kriege ich Angst vor meiner Haltung. Für mich sind alle Leute aus meinen Kreisen geschundene Kreaturen. Mir paßt nicht, was sie tun, was sie mit sich machen lassen, und ihnen gefällt nicht, was ich tue und was ich nicht mit mir machen laß. Gut, ich hab gestern zuviel gesoffen. Im Rausch kann ich übrigens meine Meinung sagen, da sind mir die Folgen egal. Ich kann nichts essen, wenn ich keinen Hunger hab, aber ohne Durst saufen, das geht. Ich traue jedem nur Böses zu, und das ist oft zu schlecht. Ich würde gern leben, aber unter meinen Umständen ist der Tod einfacher. Vielleicht bin ich nur zu jung.«
»Um Himmels willen«, sagte der Doktor, »du bist beim fal-

schen Arzt. Du brauchst jemanden, mit dem du dich unterhalten kannst. Die Seele oder das Gemüt kann ich nicht behandeln. Deine Knochen sind heil. Und das Rückgrat formt sich schon noch, mein Junge.«

»Es verbiegt sich höchstens«, sagte der Junge. »Ich gehöre zur Gattung der Scheißeschlepper. Auf mir lädt man den Mist ab. Jeder, den ich kenn, versucht mir weiszumachen, daß Arbeit das einzig wahre Allheilmittel ist. Es soll mich von meinen seltsamen Ansichten befreien. Darf ich noch was sagen? Ganz kurz bloß? Meine Mutter ist vermutlich schwanger, und gekündigt wurde ihr auch, mein Stiefvater ist abgehauen, und ich hab mich in dieser Woche umsonst verliebt und heute die Arbeit geschwänzt.«

»Wenigstens bist du nicht unheilbar«, sagte der Doktor.

Dann prüfte er den Blutdruck des Jungen.

»Kreislaufstörungen«, sagte er, »Saufen und Rauchen einschränken, viel Schlaf, mehr Vitamine, weniger Kalorien, klüger denken, junger Freund. Du mußt mehr verstehen lernen. Das klingt siebengescheit, ist aber ganz einfach gemeint. Man kann nicht durch die Wüste schwimmen. Ich geb dir acht Tage. Die müßten genügen, um mit dir ins Reine zu kommen. Das ist die Arbeitsunfähigkeitsbescheinigung und das ein Rezept für Pillen, die gute Laune schaffen. Die hast du nötig. In einer Woche sehen wir uns wieder, hoffentlich in einer anderen Verfassung.«

Der Junge kaufte sich in einer Apotheke seine Pillen; dann ging er spazieren. Er ging rasch, um sich zu erwärmen. Ein fernes Brausen hallte ihm hinter den Schläfen. Er konnte sich Musik einbilden und fühlte sich rundum gut aufgehoben. Watte und Federn mußten unsichtbar in der Luft schweben, derart entrückt hörte er alle Geräusche. Eine Last war von ihm abgefallen. Er hatte seine Schonfrist verlängert, ohne zu lügen. Man hat dir einen Faden gespannt, dachte er, an dem du dich in die Zukunft hangeln sollst. Aber in einer Woche, in acht Tagen genau, wirst du wieder auf Messers Schneide stehen. Also dämpfe deine Begeisterung! Es ist zwar ganz nett, nichts zu tun und trotzdem Geld zu kriegen, etwas weniger als die Gesunden, die arbeiten müssen, aber immerhin. Doch das dauert nicht ewig. Aufgeschoben ist nicht aufgehoben. Du mußt dir Gedanken machen, sonst ist deine Zeit schnell vorbei. Man müßte doppelt so lang in die Schule gehen dürfen, damit man wenigstens die Hälfte lernt von dem, was man wissen muß.

In den Geschäften, an denen er vorbeikam, war Hochbetrieb. Die Leute bereiteten sich aufs Wochenende vor. Einkaufstaschen waren in der Überzahl, Frauen die Packesel. Zum Glück traf er Slippuchin, der von der Arbeit kam. Sie hatten sich lange nicht mehr gesehen. Slippuchin war im Straßenbau beschäftigt; seine Stiefel waren lehmverschmiert, seine Hände schwarz von Teer, seine Haare mit Schotterstaub verfilzt. Er war klein, ein kräftiger Zwerg. Sein Vater war Pole, seine Mutter Russin. Wie immer war er angedudelt.

»Na, du dreckiger Schwanz«, sagte er herzlich, »hast du wieder eine Möse gestopft, hä?«

»Alte Scheißwurst, seit wann gibt es hier Huren?« sagte der Junge und holte die Pfeife aus der Tasche, die er im Tabakladen geklaut hatte. »Kauf mir das Ding ab.«

»Fick deine Mutter«, sagte Slippuchin auf polnisch.

»Mann, die ist neu, echt wahr. Los, sei kein Frosch, gib mir ein paar Mark.«

»Ich muß meine Alimente zahlen«, sagte Slippuchin. »Das klingt spanisch für dich, oder?«

»Mach halt.«

»Ich mag arme Deutsche so gern.«

»Und ich reiche Polacken.«

Dann grinsten sie sich an.

»Warum läßt du dich nicht mehr blicken?« fragte Slippuchin. »Wir könnten doch mal wieder eine Buddel knacken, oder?«

»Klar doch«, sagte der Junge. »Wenn ich aus dem Gröbsten raus bin, dann zischen wir einen runter, der sich gewaschen hat.«

»Ist das Meerschaum an der Pfeife?«

»Weiß ich doch nicht.«
»Gib mir die Hand, Freund«, sagte Slippuchin, und der Junge fühlte, wie sich Geldstücke an seinem Handteller rieben, hart, kalt. »Da hast du, liebes Schwein«, fügte Slippuchin hinzu.
»Du hast sowieso keine Sparbüchse«, sagte der Junge.
»Die Mäuse verwenden sie als Nachttopf«, sagte Slippuchin.
Dann lachten sie wieder; der Junge hatte sein Geld und Slippuchin eine Pfeife.

39

Voller Zuversicht klingelte der Junge zu Hause. Er hatte einen Krankenschein in der Tasche, und das war eine angenehme Nachricht. Diesmal öffnete seine Mutter gleich die Tür. Im Flur stand ein Koffer; sie hatte gerade angefangen, auszupacken.
Alles war umsonst gewesen.
Der Junge stieg nicht über den Koffer hinweg, er trat in die Wäsche, stieß zusammengeballte Socken vor die Küchentür. Detlev Richter lag auf dem Sofa. Er hatte sich in einen Eimer erbrochen, der neben ihm auf dem Boden stand. Der Junge trat ans Sofa und besah sich das zerstörte Gesicht. Der Mann röchelte matt, gähnte im Schlaf, daß es den Speichel zwischen seinen Zahnstumpen zu Fäden dehnte, und wälzte sich unruhig hin und her. Seine Mutter setzte einen Topf Wasser auf die Herdringe; dann schälte sie Kartoffeln.
»Hat er Sehnsucht nach uns gehabt?« fragte der Junge.
Seine Mutter sagte verlegen: »Er hat geschworen –«
»Im Vollsuff«, sagte der Junge. »Hast du vorhin wegen ihm nicht aufgemacht?«
»Wo denkst du hin«, sagte sie.
Der Junge füllte eine Tasse mit Leitungswasser, nahm den Mund voll, beugte sich über den Mann und sprühte ihm ins

Gesicht. Der Mann brauchte eine Zeit, bis er zu sich kam und sich zurechtfand. Er blinzelte verwirrt; dann erkannte er langsam die Ursache der Störung.
»Hast du mich aber erschrocken«, sagte er dumpf.
»Dabei bleibt es nicht!« rief der Junge.
Er entriß seiner Mutter das Schälmesser und bohrte dem Mann die Spitze unters Kinn.
»Nicht!« sagte seine Mutter.
»Hast du wenigstens in Bahnhofskneipen gesoffen?« fragte der Junge. »Oder bist du weit herumgekommen in der Stadt? Erzähl mir deine Reiseabenteuer! Wie war es auf dem Dampfer? Wie war es im Flugzeug? Hatte die Eisenbahn Verspätung? Ich verlang eine Antwort! Wie schaut die Welt aus? Hast du eine fremde Sprache gelernt? Du darfst meine Spannung nicht enttäuschen.«
Der Mann stierte ihn mit glasigen Augen an; vor lauter Muffe furzte er mehrmals. Der Junge drehte das Messer zwischen den silbergrauen Bartstoppeln hin und her. Der Mann wagte sich nicht zu rühren; plötzlich hatte der Junge Angst, durchzudrehen und doch zuzustechen. In einem Anfall von Mitleid schleuderte er das Messer unter den Tisch. Trotzdem blieb der Mann wie gelähmt liegen, scheinbar unfähig, sich aufzurichten. Ein roter Punkt erschien unter seinem Kinn. Es war ein Tropfen Blut.
»Nun dürften wohl klare Verhältnisse herrschen«, sagte der Junge mit einer Stimme, die er nicht kannte. »Macht von nun an, was ihr wollt. Ich halt mich raus! In mir drinnen hab ich euch längst verlassen. Ihr habt mich niemals besessen, ihr gehört euch ja selber nicht!«
Die beiden blickten ihn so verständnislos an als habe er sich in der Haustür geirrt, als sei er bei irgendwelchen Leuten, die ihn nie zuvor gesehen hatten. Der Junge fühlte sich als habe er ein paar Satte mit seinem Hunger beim Essen gestört. Er ahnte, daß sie ihn wie einen Gegenstand wahrnahmen, der nicht mehr zu ihrer Einrichtung paßte. Vor jäher Schwäche verkrampften sich seine Gelenke. Er mußte sich zu einer

Bewegung zwingen. Dann dachte er, je später man lernt, desto schneller gebraucht man sein Wissen.
»Zum Versöhnungsfestmahl braucht ihr mich nicht einzuladen«, sagte er. »Laßt mein Besteck in der Schublade!«
Als er hinausging, vorbei an den beiden Figuren aus Kalk und Gips, merkte er, wie rasch die Erstarrung von ihnen wich, wie sie so lebhaft wurden als hätten sie sich die ganze Zeit über nur verstellt. Es ließ ihn kalt.

40

Die Stadt engte ihn ein. Links und rechts rieben sich die Häuser an seinen Schultern; die Straße warf Wellen, türmte sich zu Stufen, die in der Dämmerung endeten. Es war spät am Nachmittag. Schon fehlten die Kinder in den Hauseingängen, waren die alten Leute hinter den Fensterscheiben verschwunden. Nur einige Überstundenschieber eilten heimwärts, in den emsig geführten Haushalt. Den Kneipen schenkte der Junge keinen Blick.
Er ging durch die Bahnhofshalle, in der nur wenige Leute unterwegs waren. Die meisten Schließfächer standen offen und sahen wie Kindersärge aus Blech aus. Auf dem Fahrplan las er sich die Städtenamen vor; dann lief er zum Marktplatz und von dort zum Fischerdenkmal und spuckte der Figur ins Netz. Als er die Mitte der Brücke erreichte, rüttelte er am Geländer. Unten strömte der Fluß; am Horizont umspülte er einen einzelnen Stern, der schwach blinkte und langsam versank. An vielen Stellen war Land aus dem Hochwasser aufgetaucht. Die Lichter der Siedlung flackerten wie Lampions; über Feldwege ging der Junge darauf zu. Im Wind hörte er die Stimmen von Detlev Richter und seiner Mutter.
Wenn das Kind geboren ist, wird sich Ernst ändern. Dann muß er sich ein Zimmer suchen und mit sich allein fertig werden. Er kann unsern Koffer nehmen und seinen Krempel

packen. Wir sagen ihm einfach, zu Weihnachten darf er uns besuchen, und wenn er sich anständig aufführt, kann er auch über Neujahr bleiben. Mit Ostern und Pfingsten halten wir es nicht anders. Wenn er nicht endlich auf sich gestellt wird, verwest er noch auf seiner faulen Haut. Er muß fort, raus ins Leben. Da werden ihm die Finger abgehackt, wenn er nochmal zum Messer greift.

»Ich hab mich in Schach gehalten«, sagte der Junge laut.

Von nun an genügt das nicht mehr. Wir, deine Eltern, haben auch noch ein paar Jahre vor uns, die wir erleben möchten. Wir sind nicht von gestern, und heute bestimmen wir, was mit dir morgen sein wird. Vater und Mutter kommen immer vor und nicht nach dir. Deine Schwester oder dein Bruder werden nicht in deinen Fußstapfen stolpern. Behüt dich Gott!

Reif lag wie totes Silber auf den Wiesen. Aus den Gärten bellten Hunde dem Schatten des Jungen hinterher. Er nahm sich ein Ziel, ging auf die Stelle zu, wo der Zirkus gestanden hatte. Vielleicht, so hoffte er, würde dort noch ein Wagen mit Achsenbruch liegen. Im gleichen Augenblick lachte er sich aus und lief langsamer.

41

Als er die Giebel von Zelten erkannte, dachte er zuerst an ein Pfadfinderlager, aber Pfadfinder wären nicht in Lastwagen gekommen und schon gar nicht bei diesem Wetter. Als er die Geschütztürme von Panzern in den Himmel ragen sah, wußte er Bescheid. Näherkommend sackte er in die von Ketten und Reifen gewalzten Furchen. Die ganze Gegend war verheert. Er fühlte sich unsicher, während er näherschlich, und erschrak, als unvermutet eine Gestalt mit geschultertem Gewehr auf ihn zulief und schon von weitem »Halt!« rief. Der Junge blieb auf der Stelle stehen und schämte sich

für seine Folgsamkeit. Dann hielt die Gestalt, die mit einem Kampfanzug getarnt war, im Laufen inne und ließ zwischen sich und dem Jungen einen Abstand, der nur durch lautes Reden zu überbrücken war.
»Was hast du hier verloren?« fragte der Soldat.
»Nichts«, sagte der Junge.
»Das ist woanders auch zu finden«, sagte der Soldat.
»Wie lange gastiert ihr schon hier?« fragte der Junge.
»Seit heut.«
»Da war vor euch ein Zirkus gestanden«, sagte der Junge, »für den waren keine Wachtposten nötig.«
»Ich befolge nur einen Befehl«, sagte der Soldat und stellte sein Gewehr auf den Boden. Seine Stiefelschäfte leuchteten hell vom Lehm. Als er sich eine Zigarette anzündete, sah der Junge ein weiches Gesicht, das vor Eifer glühte. Der Knabe war ungefähr in seinem Alter.
»Wieviele Feinde hast du heute schon abgemurkst?« fragte der Junge.
»Wart nur ab, bis du auch in dem Verein bist: da scheren sie dir die Mähne. Und jetzt verschwinde, und zwar ein bißchen plötzlich, ehe ich Meldung erstatte«, sagte der Soldat und machte Handbewegungen als wolle er einen aufdringlichen Nachtfalter verscheuchen.
Der Junge ging ein paar Schritte vorwärts, bis er den Atem des anderen spürte. Dann sagte er in die Rauchschwaden: »Mein Stiefvater war auch im Krieg, nur hab ich zugehört, wenn er davon erzählt hat, du gedrilltes Rindvieh.«
Der Soldat spuckte seine Kippe aus und strich fahrig und verlegen die Uniform glatt. Der Junge bückte sich. Er rupfte einen Grashalm ab und wedelte damit als wolle er fechten; dann legte er eine Hand auf das schmutzbespritzte Metall eines Panzers.
»Das ist verboten«, sagte der Soldat.
Ich bin unbewaffnet«, sagte der Junge.
In den Zelten blieb alles ruhig. Das Manöverbiwak sah aus als liege es an einer Karawanenstraße zum Maschinenzeit-

alter. Nebel löschte die Lichter der Stadt. Die Nacht keilte ihn ein.
Er lief wie durch einen verwilderten Irrgarten mit schwarzen Spiegeln. Er hatte keine Sehnsucht nach diesem Leben und keine Hoffnung auf einen anderen Tod. Als er auf freiem Feld war, schraubte er das Tablettenröhrchen auf und schluckte eine der Pillen, die ihm der Arzt verschrieben hatte. Bald fühlte er sich als würde er auf ewig die Hügel am Horizont allein bevölkern. Wasser lag in den Tümpeln. Maulwurfshügel ragten wie Vulkaninseln heraus. Einmal gab der Rand eines Tümpels nach; die Wasserkälte schnitt dem Jungen in die Knochen. Plötzlich begann sich alles zu drehen. Die Augen fielen ihm nach hinten. Er steckte sich einen Finger in den Rachen und würgte seine Übelkeit heraus. Sofort verflog die Wirkung der Pille. Er brachte es fertig, das V-Zeichen zu machen. Sogar ein leichtes Grinsen gelang ihm, als er dachte: Wer dich mit Feuer lockt, möchte dich verbrennen, wer dich mit Eis kühlt, erfrieren.
Später schlug er die Richtung auf die Stadt zu ein. Unterwegs wurde ihm klar, daß er seine ganze Jugend lang Kämpfe ums Überleben ausgefochten hatte. Seine Herkunft war ein Startloch mit Fußangeln. Von nun an, sagte er laut und ahmte dabei Detlev Richter nach, werde ich meine Mutter Frau Richter nennen, das wird die Trennung erleichtern. Kurze Zeit beschäftigte ihn die Vorstellung, daß die Welt eine Arena sei. Von nun an wollte er sich bemühen, die Leute auf den Rängen und die in den Logen genauer zu betrachten. Er konnte nicht mehr behaupten, daß sein Leben ihm allein gehöre; er begriff die Verhältnisse als Zuchtleinen und sich als Eigentum von Unbekannten. Er freute sich an den Entdeckungen seines Verstandes. Er mußte nur zeigen, wer er war. Wer mit ihm spielen wollte, dem würde er in Zukunft die Regeln diktieren. Er sah Greise, die Hebel bedienten, mit deren Hilfe sie die Geschicke der Erde lenkten. Eines Tages würde er die Sicherungskästen zerschlagen. Er war ein Rädchen im Getriebe, das ein Sandkorn transportierte.

Graupelschauer hüllten ihn ein. Es schneite die ersten Flokken. Seine Schuhe rutschten in Matsch aus. Die Stadt schien ihm fremder als jede Fremde, die er jemals gefühlt hatte. Sie war so fremd, daß es sie plötzlich nicht mehr gab. Zwischen den Mauern hallten seine Schritte wie Schüsse.

Ludwig Fels
Alles geht weiter
Gedichte. 80 Seiten.

„Seine Menschen haben Forderungen zu stellen. Fels bringt sie auf den Begriff. Sein Alltag ist ebenso exemplarisch wie seine Subjektivität. Seine Gedichte sind ebenso notwendig wie auf –ungemein ergreifende– *eingreifende* Weise schön. Schön! Sind ‚Blumen des Bösen', wenn ‚das Böse' alles ist, was diese wohlanständige, planierte, betonierte, kaputte, entfremdete Welt bedroht. Wenn ‚das Böse' ein Volk ist, das sagt: Schluß! In einem Wort: Fels' Texte sind von großer Nützlichkeit."
Peter Paul Zahl in der „Frankfurter Rundschau"

Ludwig Fels
Mein Land
Geschichten. 140 Seiten.

„Ludwig Fels' Geschichten und Prosa spielen im Umfeld der sozialen Unterschicht, der Erniedrigten und Beleidigten: in Fabriken, Wohnküchen und Kneipen, in Stadtparks und Hauptbahnhöfen. Arbeiter, Gastarbeiter und Rentner – Stadtstreicher, Quartalssäufer, Prostituierte – unten lebende und auch Gescheiterte sind seine ‚Helden'. Fels fühlt sich als ihr Bruder, als einer, der ihre Erwartungen und Enttäuschungen kennt."
Stephan Reinhardt, Saarländischer Rundfunk

Rolf Niederhauser
Das Ende der bloßen Vermutung
Roman. Sammlung Luchterhand Band 287

Ein paar junge Leute haben es satt, zu warten auf das Ende der bloßen Vermutung, daß es bessere Formen menschlicher Gemeinschaft gibt. Sie gründen eine Genossenschaft und führen eine Gaststätte als Selbstverwaltungsbetrieb; sie leben und arbeiten im Kollektiv.
Das geschah 1973 in Solothurn, einer Stadt des schweizerischen Mittellandes. „Das Ende der bloßen Vermutung" beschreibt authentisch diesen Versuch. In Tagebuchnotizen, Auszügen aus den Statuten, der Betriebsverfassung und aus dem Jahresbericht 1975 der Genossenschaft, in Protokollen und Szenen aus dem Alltag des Kollektivs werden die Beweggründe der Mitglieder geschildert, in der Gruppe zu arbeiten, ihre Vorstellungen vom Alltag und die Auseinandersetzungen, die von Anfang an ebenso unvermeidlich wie notwendig sind.
Der Bericht über die Entstehung und Entwicklung der Genossenschaft bildet den Hintergrund für eine Anzahl von Lebensgeschichten. Sie setzen sich alle in der Genossenschaft fort: die Geschichte einer Zweierbeziehung, in der die herkömmliche Rollenverteilung ihre Gültigkeit verliert; die Geschichte einer Ehe, die auseinanderbricht; die Geschichte einer Kindheit; die Geschichte eines jungen Mädchens, das 1948 als italienische „Fremdarbeiterin" in die Schweiz kommt und einen deutsch-schweizer Architekten heiratet. Allen Geschichten gemeinsam ist die Suche nach der Identität und damit nach der Parteilichkeit. Sie sind ein Versuch des Erzählers, aufzuspüren, was sich im Kleinen verändert und Folgen für die Gesellschaft hat, während in Vietnam ein dreißigjähriger Krieg zu Ende geht.

Rolf Niederhauser wurde 1951 in Zürich geboren. Lehre als Elektromonteur; nach Lehrabschluß Abitur im 2. Bildungsweg. Gründungmitglied der Genossenschaft „Kreuz" in Solothurn. Studiert Volkswirtschaft in Basel.
Veröffentlichungen: *Mann im Überkleid.* Ein Rapport. 1976.

Luchterhand